Ulmer Taschenbuch 1

Krafft von Heynitz

Kompost im Garten

3., ergänzte Auflage
50 Farbfotos
42 Zeichnungen

E.U.
VERLAG
EUGEN
ULMER

Zeichnungen von Claudia Hosslin, Therwil (Schweiz)
Umschlagfoto: Vorbildlicher Kompostplatz mit Strohabdeckung auf einem Bauernhof (Talhof bei Heidenheim).

CIP-Titelaufnahme der Deutschen Bibliothek

Heynitz, Krafft von:
Kompost im Garten / Krafft von Heynitz. –
3., erg. Aufl. – Stuttgart: Ulmer 1988.
(Ulmer-Taschenbuch; 1)
ISBN 3-8001-6218-0
NE: GT

Printed in Germany
Satz: Typobauer Filmsatz GmbH, Ostfildern 3
Druck und Bindung: Georg Appel, Wemding

Vorwort

Die Kompostbereitung gehört zu den vertrautesten Arbeiten im Garten. Sie wurde schon im Altertum beschrieben und praktiziert. Gibt es darüber wirklich Neues zu berichten?
Die darf bejaht werden. Die Fragen der Kompost- und Erdbereitung haben an Gewicht gewonnen, viele praktische Erfahrungen sind hinzugekommen und konnten ausgewertet werden. Es gilt zu erkennen, daß dem deutlichen Humusschwund in weiten Teilen der Erde nur mit einer verstärkten Humusmehrung entgegengetreten werden kann. Erschwerend kommen die unausgewogenen Verhältnisse in der Tierhaltung und die wachsende Zahl von viehlosen Höfen hinzu. Dies betrifft den Gartenbau insofern, als an vielen Orten der tierische Dünger nicht mehr aus der Nachbarschaft bezogen werden kann oder nur solcher in minderer Qualität (Massentierhaltung) zur Verfügung steht. Dies alles erfordert spezielle Kenntnisse bei der Aufarbeitung. Dazu kommen bei der Kompostierung bisher selten verwandte Materialien wie Mineralerden oder Gesteine, die Hinzunahme der Rinde, nicht zuletzt der Einsatz von technischen Geräten wie Häckslern, Greifern oder Streuern. Praxisbezogene Schriften können nur selten allein verfaßt werden. Sie bedürfen der Vertiefung und Ergänzung in speziellen Fragen. So habe ich für die Mitarbeit nicht nur Reinhold Riedel und Wolfgang Schmid, sondern auch Jochen Maurer und Matthias Stein zu danken. Die Fragen der Oberflächenkompostierung und Bodenbedeckung haben Gerlinde Butzer und Peter Grosch bearbeitet.
Es ist dem Verleger Roland Ulmer zu danken, sich diesen Fragen verstärkt angenommen zu haben, die Arbeit in Form eines Taschenbuches aufzulegen und dennoch großzügig auszustatten. Den Mitarbeitern im Verlag gebührt gleicher Dank für ihre Bemühungen.
Die Arbeit mit den fruchtbringenden Erden muß täglich getan werden, weist aber in ihrer Auswirkung deutlich in die Zukunft. Es wird damit an die beste gärtnerische Tradition angeknüpft, über den Alltag hinaus niemals die Erhaltung und Mehrung der Bodenfruchtbarkeit im Ganzen aus dem Auge zu verlieren.

Zur 3. Auflage

In den letzten Jahren hat der naturgemäße Gartenbau und damit auch der pflegliche Umgang mit Komposterden viele Freunde hinzugewonnen. Das Interesse an diesen Fragen ist gewachsen. Die 3. Auflage dieses Taschenbuches erforderte insofern eine Erweiterung der Themenstellung, als die Nitratauswaschung und damit die Belastung des Grundwassers zu einem ernsten Problem geworden ist. Hiervon sind Landwirt und Gärtner in gleicher Weise betroffen.
Möge diese kleine Schrift auch in den nächsten Jahren Anregungen und praktische Hilfen im Umgang mit dem Kompost im Garten vermitteln.

Pforzheim, Sommer 1988
Krafft v. Heynitz

Inhalt

Einleitung

Der Humus ist Träger und Förderer der Bodenfruchtbarkeit. Seinen Anteil zu erhalten und möglichst zu vermehren, ist das Anliegen auch jeder gärtnerischen Tätigkeit. Schon die dunkle Färbung und die krümelige Beschaffenheit der Erde läßt Rückschlüsse auf ihren Humusgehalt zu. Er ist es, der den Boden aufnahmefähig für das Wasser macht, Luft und Wärme Zugang verschafft, eine gute Struktur verleiht und damit ein kräftiges Pflanzenwachstum ermöglicht. Mit seiner Hilfe werden Stoffe und Kräfte, die die Kulturen zu ihrer Entwicklung brauchen, aufgeschlossen und entbunden. Je nach Entwicklung und Bedürfnis bekommen die Pflanzen ihre Nährstoffe so zur Verfügung gestellt, wie es ihrem Wachstum am förderlichsten ist. In einem humosen Boden keimen und wurzeln die Kulturen leicht, wachsen gesund heran, bleiben weitgehend widerstandsfähig gegenüber pilzlichen und tierischen Schädlingen und bringen Früchte von hoher Qualität hervor.

Erst seit kurzer Zeit rückt die Humusfrage wieder stärker in das Bewußtsein der breiten Öffentlichkeit. Sie findet nicht nur ein lebhaftes Interesse bei Landwirten und Gärtnern, sondern viele Menschen fühlen sich davon angesprochen. Dabei ist es müßig, auf die Zerstörung ganzer Landstriche einzugehen. Durch die modernen Kommunikationsmittel sind die Schäden am Erdkörper bekannt, sei es das Abholzen von Urwäldern, das Vordringen der Wüsten, die Verkarstung oder Versalzung ganzer Gebiete. Nicht zuletzt wird fruchtbares Ackerland durch Straßenbau, Industrieanlagen und das Wachstum von Städten und Gemeinden verbraucht.

Auch dem Kleingärtner fällt deshalb eine Kulturaufgabe ersten Ranges zu, wenn er sich in der heutigen Zeit mit der Aufgabe auseinandersetzt, den Humus auf den Beeten im Garten aufzubauen, die Bodenfruchtbarkeit zu vermehren. Damit wird eine Arbeit ergriffen, die über die Gegenwart hinausreicht und die Zukunft mitgestaltet.

Überall dort, wo der Mensch Pflanzen pflegt, Tiere züchtet und deren Produkte verzehrt oder verarbeitet, gibt es Abfälle in vielfältiger Form. Es bedarf jedoch eines beständigen Willens und genauer Kenntnis, um die verschiedenartigsten Stoffe sachgemäß sammeln und einer Umwandlung zuführen zu können. Werden diese Notwendigkeiten mißachtet, gehen die Abfallstoffe schnell in Fäulnis- und Verwesungsprodukte über. Anstelle angenehm duftender Erden entstehen übelriechende Verbindungen, die das Leben im Boden und das Wachstum der Pflanzen beeinträchtigen oder gar unmöglich machen.

Die Beschäftigung mit den Stoffen und die Zubereitung der Erden kann gelernt werden. Es ist die Aufgabe dieser Schrift, jahrzehntelange Erfahrungen auf diesem Gebiet zusammenzufassen und sie dem Gärtner an die Hand zu geben. Zudem wird heute die Arbeit auf dem Kompostplatz durch technische Geräte wie z. B. Häcksler wesentlich erleichtert und damit Zeit und Kraft gespart.

Rückblick in die Geschichte

Erste Zeugnisse über die Beseitigung bzw. Zubereitung von Abfallstoffen aus organischen Substanzen liegen aus dem Vorderen Orient und dem chinesischen Raum vor. So gab es bereits vor den Toren Jerusalems im Kidron Tal einen Müllabladeplatz, auf dem man für die brennbaren Stoffe ein dauerndes Feuer unterhielt, während die anderen Abfallstoffe daneben kompostiert wurden. Im Fernen Osten treffen noch heute Studiengruppen auf Kenntnisse der Erdbereitung, die lange Jahre für nicht möglich gehalten wurden.

Den Chinesen war es seit Jahrtausenden ein besonderes Anliegen, organische Stoffe von Haus, Garten und Feld, aber auch die Fäkalien, zu sammeln und zu verarbeiten. Sie bauten damit ein ganzes Düngersystem auf, in dem Erde und Schlamm aus Gräben, Teichen und Kanälen wichtige Bestandteile waren.

Die tierischen Dünger, sehr oft vom Schwein, sammelte man einmal in flachen Gruben, aber auch auf überdachten Kompostplätzen von beachtlichem Ausmaß. Alle Stoffe wurden sorgfältig gemischt, immer wieder angefeuchtet und in fruchtbare Erde verwandelt. Es wäre heute der Mühe wert, die chinesische Acker- und Gartenkultur im Hinblick auf die Erd- und Kompostbereitung eingehend zu studieren.

Dabei leitet sich das Wort Kompost aus dem Lateinischen ab und bedeutet das »Zusammengesetzte« oder »Zusammengelegte«. Es betraf jedoch nicht immer das Zusammenfügen von pflanzlichen oder tierischen Abfällen. Schon Plinius berichtete von einem Verfahren, mit Hilfe dessen auf langen Seereisen Kohl frisch gehalten werden sollte. Man nahm dazu den »Salzkohl« und legte ihn geschnitten in Ölkrüge mit Kräutern und anderen Zutaten ein und verstopfte die Krüge, um Luftzutritt zu verhindern. Ähnliches geschah mit Oliven und anderen Früchten, wobei man das Eingemachte »Compositus« nannte, das Wort, aus dem später, »Kumpost« wurde. Unter dieser Bezeichnung hat sich im 11. Jahrhundert das Sauerkraut in Mitteleuropa eingeführt. Dieser Name geriet jedoch im Laufe der Zeit in Vergessenheit und findet heute abgewandelt als Kompost nur noch bei der Düngerbereitung im Land- und Gartenbau Verwendung.

Von 1906 bis 1931 war Sir Albert Howard in Indien tätig. Aufgrund seiner langjährigen Studien war es ihm möglich, einen Grundgedanken der oben erwähnten chinesischen Düngerhandhabungen aufzugreifen und darauf ein Modell – das »Indore-Verfahren« – aufzubauen. Howard sah, daß die indischen Böden infolge Humusverarmung und mangelhafter Bewirtschaftung rasch der Unfruchtbarkeit anheimfallen, wenn sie nicht mit organischen Substanzen gedüngt werden. Es gelang ihm, nicht nur einen Teil des Rinderdungs (der sonst getrocknet und verbrannt wurde) für die landwirtschaftliche Arbeit zu gewinnen, sondern auch den Harn der Tiere, die Jauche, sinnvoll zu verwenden. Die Abfallstoffe von Haus, Hof und Stall, den Äckern und Gärten wurden gesammelt, gut durchmischt und angefeuchtet den Rotteprozessen in Miete oder Grube übergeben. Für die Vorgänge in den Gruben – bei den Mieten wurde in ähnlicher Weise verfahren – sah der Ablauf folgendermaßen aus:

1. Tag:	Beginn der Beschickung
6. Tag:	Ende der Beschickung
10. Tag:	Bakterien- und Pilzwachstum ist im Gange
12. Tag:	Erste Bewässerung
16./17. Tag:	Erstes Umsetzen, wobei der Kompost mit Bakterienmasse aus einer 30 Tage alten Mulde geimpft wird
24. Tag:	Zweite Bewässerung
30./32. Tag:	Zweites Umsetzen
38. Tag:	Dritte Bewässerung
45. Tag:	Vierte Bewässerung
60. Tag:	Drittes Umsetzen
67. Tag:	Fünfte Bewässerung
75. Tag:	Sechste Bewässerung
90. Tag:	Ausbringen auf das Feld

Nach England zurückgekehrt, empfahl Howard das Studium dieser Methode. Er sagte 1933: »Aber vielleicht die vielversprechendste Richtung, in der Humus als ein Faktor in der Landwirtschaft der Zukunft Verwendung finden kann, liegt in der Steigerung der Qualität bei jenen pflanzlichen Erzeugnissen, welche der Ernährung von Mensch und Tier dienen. Dies ist zu allen Zeiten ein wichtiger Punkt.« Mit seiner Lebensarbeit legte Howard einen soliden Grundstein für die organische Landwirtschaft in England.
Die Jahre nach dem Ersten Weltkrieg wurden im landwirtschaftlich-gärtnerischem Bereich unter anderem durch intensive Diskussionen über Fragen der Düngung geprägt. Der Streit entzündete sich an der Erfindung der Chemiker Fritz Haber und Carl Bosch, die nur wenige Jahre vorher ein Verfahren entwickelt hatten, bei dem Stickstoff aus der Luft mit Hilfe von Wasserstoff, hohem Druck und hohen Temperaturen sowie entsprechenden Katalysatoren zu Ammoniak synthetisiert wurde. Nachdem dieses für die Sprengstoff- und Schießpulverherstellung nicht mehr gefragt war, stand es nunmehr der Landwirtschaft als Düngemittel zur Verfügung. Dies hatte zur Folge, daß viele Landwirte und Gärtner in der Anwendung chemisch-mineralischer Düngemittel eine einzigartige Möglichkeit sahen, die Erträge zu steigern. Die Bedeutung der organischen Düngung für den Humusgehalt und die Fruchtbarkeit des Bodens wurde zwar nicht vollständig vergessen, verlor jedoch über viele Jahre hin an Bedeutung.
Mitten in diesen Auseinandersetzungen um die Grundfragen der Düngung traten Landwirte und Gärtner an Dr. Rudolf Steiner (1861–1925) heran, er möge ihnen Ratschläge geben, wie die Hebung der Bodenfruchtbarkeit auch ohne Verwendung chemischer Mittel erreicht werden könne. Im Gegensatz zur mineralischen Düngung heißt der Kernsatz bei Steiner, daß die Düngung in einer Verlebendigung der Erde und nicht allein in einer Zufuhr von mineralischen Substanzen bestehen müsse. Damit ist die Aufgabe verbunden, alle Maßnahmen im Land- und Gartenbau auf die Belebung der Erde, den Aufbau der Bodenfruchtbarkeit mit einer sinnvollen Gestaltung der Fruchtfolge auszurichten. Weiter macht er Angaben zu Heilkräuterpräparaten, die regulierend und fördernd auf die Organismen im Komposthaufen und außerdem auf das Pflanzenwachstum wirken. Steiner weist ferner auf die Notwendigkeit hin, eine bodenständige Dauerfruchtbarkeit im Hin-

blick auf eine gesunde und kräftige Entwicklung der Kulturpflanzen und ihre Widerstandsfähigkeit gegen Pilze und Insekten zu schaffen. Dabei legt er besonderen Wert auf die Erzeugung von Nahrungsmitteln in vollwertiger und menschengemäßer Qualität.

Ein Schüler Dr. Steiners, der Gartenarchitekt und Landschaftsgestalter Max K. Schwarz, verstand es unter anderem, die Verfahren der Kompost- und Erdbereitung, der Oberflächenbehandlung und Bodenbedeckung entscheidend zu verbessern. Allein seine Beschreibungen der Mischung von Abfällen und Erden mit Tonmineralen und Kräutern, der Temperaturregulierung und der schützenden Abdeckung müssen noch heute das Herz eines jeden Gärtners höher schlagen lassen.

Die Rückschau sei mit dem Blick auf eine Persönlichkeit abgeschlossen, die viele Jahre mit M. K. Schwarz zusammengearbeitet und sich bis in das hohe Alter um die Erhaltung der Kulturlandschaft und Pflege der Erde verdient gemacht hat. Es ist Alwin Seifert (1890–1972), Professor für Garten- und Landschaftsgestaltung in München. Zunächst bemühte er sich, sein Grundstück in Dießen am Ammersee nach naturgemäßen Methoden zu bewirtschaften, die anfallenden Kompostmaterialien sorgsam zu behandeln und die fertigen Erden sparsamst zu verwenden. Dann stellte er sich in den dreißiger Jahren der Aufgabe, den Landschaftscharakter rechts und links der Autobahnen zu erhalten und die riesigen Erdbewegungen so zu lenken, daß sich der abgetragene Mutterboden nach der Fertigstellung wieder problemlos verwenden ließ. Vielleicht wäre heute noch manchem Bauherren geholfen, wenn er sich dieser Möglichkeiten bedienen könnte! Nach 1945 wurde Seifert nicht müde, in Wort und Schrift die Gedanken des naturgemäßen Gartenbaus der breiten Öffentlichkeit nahezubringen und damit nachhaltig zu fördern.

Umsetzungsvorgänge im Boden

Der Komposthaufen ist ein von Menschenhand geschaffener Organismus im Kleinen. Was sich in der Natur im rhythmischen Ablauf vieler Jahre vollzieht, soll in der Miete im Garten in wenigen Sommermonaten Wirklichkeit werden. Die Umsetzungsvorgänge laufen wesentlich schneller ab und benötigen nur einen Bruchteil der Zeit, die für den gleichen Prozeß in Wiese und Wald angenommen werden muß. Dem ungeübten Gartenfreund geraten deshalb die vergleichbaren Vorgänge auf dem Kompostplatz, der rasche Wechsel von Ab- und Aufbauphasen oder das Werden und Vergehen kleiner Organismen aus dem Tier- und Pflanzenreich zu einem verwirrenden Wechselspiel. Es will einfach nicht gelingen, die Naturvorgänge im Garten zu beobachten und in Gedanken nachzuvollziehen.
Soll der Umgang mit Abfällen und Erden, der Gebrauch halbfertiger Substanzen zum Zwecke der Bodenbedeckung wie Mulchen, Oberflächenkompostierung und anderes mehr, nicht nur handwerkliches Können bleiben, müssen die Vorgänge dort aufgesucht und studiert werden, wo sie in Stille und Verborgenheit im Jahresrhythmus ablaufen. Das Wahrnehmen der Bodenprozesse auch außerhalb des eigenen Grundstückes ist damit Lehre und Studium zugleich und sollte bei jedem Gang in Wald und Flur geübt werden.

Die Natur als Vorbild

Die folgende Beschreibung stellt den Versuch dar, die ungemein vielschichtigen Naturzusammenhänge so kurz und einfach wie möglich zu beleuchten. Denn dieser biologische Vorgang ist nicht nur ein bewundernswertes System der Rückgewinnung von tierischer und pflanzlicher Substanz im Nährstoffhaushalt der Natur, sondern es wird auch zusätzlich fruchtbarer, sogenannter Mutterboden, der über dem Mineralhorizont liegt, aufgebaut. Hier arbeiten Bodenlebewesen nacheinander, wobei die Tätigkeit der einen die Voraussetzung für die Arbeit der anderen schafft. Diese Vorgänge laufen ohne Zutun des Menschen in den oberen Bodenschichten ab und sind am besten im gesunden Mischwald Mitteleuropas zu beobachten.
Zum besseren Verständnis wird der Waldboden in drei Schichten eingeteilt. Die Übergänge sind in Wirklichkeit nicht so deutlich abgegrenzt, sondern fließend, die ablaufenden Prozesse ineinander verwoben.
Die oberste Decke, im Wald auch Streuschicht genannt, besteht aus organischen Abfällen des Bestandes. Die Umsetzung der Substanzen geht zunächst langsam vor sich und wird anfänglich von wenigen Bodenorganismen durchgeführt. Es sind Mikroben und Schimmelpilze, die hier ihre Tätigkeit verrichten. Ihnen folgen Strahlen- und Hutpilze, die nacheinander lösliche Kohlenhydrate, Kohlenhydrat-Verbindungen und Holzstoffe zersetzen. Außerdem produzieren diese Pilze noch Substanzen wie Wuchs- und Hemmstoffe sowie Antibiotika, die Krankheitserreger abtöten, und außerdem von besonderer Bedeutung für die Widerstandsfähigkeit und Wuchsfreudigkeit der Pflanzen sind. Diese Gegebenheit ist auch für die Kompostierung im Garten von besonderer Bedeutung.

Schema der Substanzumwandlung im Waldboden.

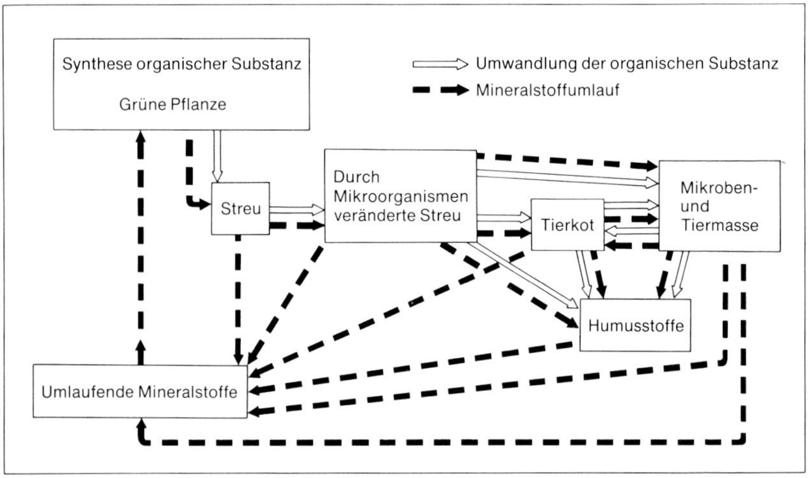

Daneben üben zahllose Bakterien einen stark zersetzenden Einfluß aus. Dank ihrer verdauenden Tätigkeit werden Stickstoffverbindungen, Mineralstoffe sowie zahlreiche Stoffwechselprodukte freigesetzt. Das erste Auftreten von Käfern, Asseln, Tausendfüßlern, Milben und vielen Springschwänzen belebt zusätzlich das Bild.

Die darunterliegende, mittlere Schicht, auch Vermoderungsschicht genannt, ist durch bereits stark zersetztes organisches Material gekennzeichnet. Hier sind es zunächst die pilzähnlichen Bakterien (Strahlenpilze oder Actinomyceten), die den Substanzen den angenehmen und charakteristischen Geruch von Walderde verleihen. Außerdem sind nunmehr verstärkt zwischen den Laubresten, angerotteten Zweigen und abgesetzten tierischen Ausscheidungen die Kleinlebewesen in großer Zahl am Werke.

Als dritte Schicht folgt der eigentliche Nährboden des Mischwaldes, in dem die Strukturen von Pflanzenresten kaum mehr auszumachen sind. Offensichtlich ist es der Regenwurm, der hier hauptsächlich vorkommt und die Verbindung zwischen der Humusschicht und dem mineralischen Unterboden schafft. Zusammen mit anderen Bodentieren gräbt er Röhren und Gänge, die in vollendeter Weise den notwendigen Luft- und Wasserzutritt ermöglichen und den Wurzeln ein tiefes Eindringen gestatten.

Außerdem sind diese Tiere in enger Gemeinschaft mit den Pilzen an der Lebendverbauung des Bodens beteiligt. Darunter versteht man die Verklebung der Bodenteilchen durch tierische Schleimstoffe oder das Zusammenhalten durch Pilzgeflechte. Das führt zur Bildung von wasserfesten Bodenkrümeln und sogenannten Ton-Humus- und Ton-Eiweiß-Komplexen.

Linke Reihe von oben: Weißer Schmetterlingsporling auf Buchenstubben, freigelegtes Hutpilzmyzel in der Humusschicht, unzersetztes und verschimmeltes Buchenblatt. Rechts: Die Zersetzungsstufen der humosen Schicht des Mischwaldbodens im Profil.

Oben: Zahl der Regenwürmer und Gewicht der ausgeschiedenen Exkremente im Jahresablauf. Unten: Einige Werte zur Leistung des Regenwurms in Abhängigkeit von Temperatur und Jahreszeit.

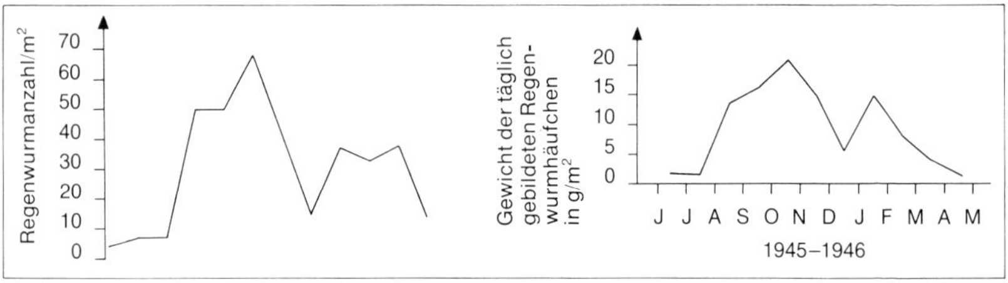

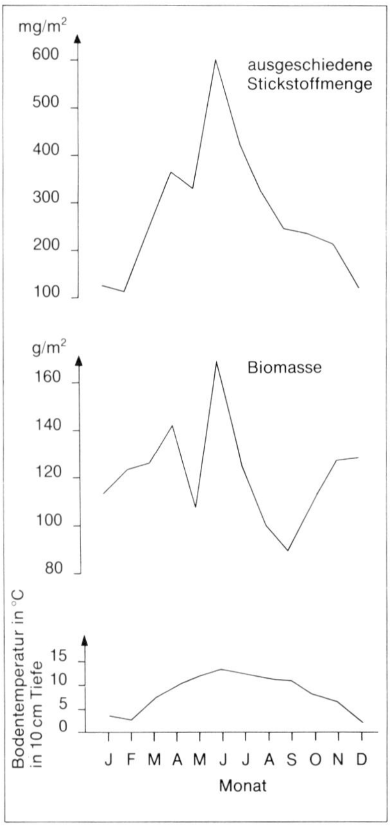

Der Regenwurm

Angesichts der Bedeutung dieser Lebewesen für die Bodenbildung und Bodenfruchtbarkeit, soll etwas ausführlicher auf ihre Tätigkeit eingegangen werden. In Deutschland gibt es ungefähr 30 bis 40, in Europa jedoch über 100 Arten. Eine erste Gliederung derselben erfolgt nach ihrer Hautpigmentierung. Die rötlichen Würmer leben hauptsächlich in den oberen Bodenschichten und bevorzugen meist wenig zersetztes Pflanzenmaterial.

Bei länger anhaltender Trockenheit gehen sie tiefer in den Mineralboden hinein und verharren dort - spiralig zusammengerollt - in der Ruhelage. Die schwärzlich, grau, bläulich oder grünlich pigmentierten Regenwürmer leben in den tieferen Horizonten und nehmen hier relativ viel Mineralboden in ihr Verdauungssystem auf.

Andere Arten bevorzugen wenig zersetzte Pflanzenreste und kommen deshalb vorwiegend in der oberen Streuschicht bzw. im Kompost vor. Die meisten können jedoch organische Rückstände in allen Zersetzungsstufen verwerten. Das Vorkommen der verschiedenen Würmer hängt vom Klima und vom Anbau mitsamt den verfügbaren pflanz-

Links: Kokons vom Regenwurm. Rechts: Die schlüpfreifen Würmchen sind sichtbar. Unten: Tauwurm.

lichen Rückständen sowie der Bodenbearbeitung ab.
Die Tätigkeit dieser Kleinlebewesen ist auf vielfältige Weise dem Boden- und Pflanzenleben förderlich. Dies sei an einigen Beispielen verdeutlicht:

- Verzehr von Pflanzenrückständen,
- Umlagerung des Mineralbodens,
- Herstellung einer stabilen Krümelstruktur,
- Durchlüftung des Bodens,
- Anreicherung des Oberbodens mit pflanzenverfügbaren Mineralstoffen,
- Verbesserung der Wasserführung und Erhöhung des Widerstandes gegen Auswaschung und Erosion,
- Erleichterung der Durchwurzelung für Pflanzen.

Die grabenden und verdauenden Tätigkeiten der Würmer finden vor allem im Oberboden statt, je nach Art und Alter der Tiere aber auch in Tiefen bis zu 3 m. Dabei werden aus pflanzlichen und anderen organischen Zersetzungsprodukten sowie Bodenteilchen die fruchtbaren Ton-Humus-Komplexe, aber auch mikrobielle Schleimstoffe gebildet. Die Lebewesen kleiden damit die Gänge aus und legen – je nach Besatzdichte – zwischen 90 bis 800 dt/ha und Jahr Kotkrümel auf dem Oberboden ab.
Diese Ablagerungen bieten günstige Lebensbedingungen für viele humusbildende Bakterien, Strahlenpilze und Pflanzenwurzeln. Zugleich findet sich in diesen Auswurfstoffen eine Anreicherung an Mineralien. Sonst pflanzenunzugängliche Mineralstoffe werden aufgelöst und in einen gequollenen Schleimzustand versetzt. So enthält der Wurmkot ein Mehrfaches an Nährstoffen gegenüber dem sonstigen Oberboden. Je nach Standort (O. Graff) wurden in den Ausscheidungen

- bis zu 7mal so viel wurzellöslicher Stickstoff,
- bis zu 7mal so viel Phosphorsäure,
- bis zu 11mal so viel Kali,
- bis doppelt so viel Kalzium und
- bis zu 6mal so viel Magnesium

wie in der fruchtbaren Bodenkrume gefunden. Zudem liegt der pH-Wert der Losung höher als der des Bodens. Regenwürmer holen den Kalk aus dem Unterboden und geben ihn in kohlensaurer Form wieder bei der Verdauung ab.
Neben der Anreicherung des Bodens durch die Ausscheidungen der Lebewesen stellt auch die Biomasse der absterbenden Regenwürmer Nährstoffe zur Verfügung. Über den Besatz an Regenwürmern je ha liegen sehr unterschiedliche Zahlen vor. Im Wald und im Grünland leben mehr Würmer als im Ackerland. Dennoch kann davon ausgegangen werden, daß im Durchschnitt das Gewicht der im Boden lebenden Regenwürmer das Gewicht der auf derselben Fläche lebenden Menschen und Tiere überschreitet. So ist berechnet worden, daß der Kot und die Biomasse der absterbenden Würmer zusammen jährlich bis zu 100 kg/ha an Stickstoffzuwachs ausmachen können; wovon allerdings zunächst nur ein Teil pflanzenverfügbar ist.

Humusformen im Wald

Eingangs wurde der Prozeß der Humifizierung und Mullbildung dargestellt, wie er in zeitlichen Phasen und räumlichen

Schichten verläuft. Unter günstigen Verhältnissen entwickelt sich so von Jahr zu Jahr die Bodenfruchtbarkeit und der Mutterboden weiter. Unter verschiedenen Bedingungen können aber auch andere Humusformen entstehen.
Bei einseitigen Baumbeständen, basenarmem Muttergestein und kühlem Kleinklima verlaufen die Abbauvorgänge der pflanzlichen und tierischen Substanzen träge, so daß Rohhumus entsteht. Er beherbergt nur wenig Kleintierarten und ist sauer, wobei die Niederschläge organische Säuren lösen, was zum Vertorfen oder gar Ausbleichen (Podsolierung) führen kann.

Oben: Eine Nacktschnecke bei der »Arbeit«. Unten: Das Endergebnis der Zersetzungsvorgänge ist ein angenehm duftender humoser Waldboden.

Als Humusform zwischen Rohhumus und dem idealen Mull kann sich auch der Moder herausbilden. Er entsteht vor allem in krautarmen Laub- und Nadelwäldern und wird von Pilzen und Gliederfüßlern bewohnt. Es fehlen jedoch Regenwürmer, so daß die Durchmischung unvollständig bleibt.

Humusformen in der Kulturlandschaft

Im Land- und Gartenbau ist die Humusbildung vom Tierbesatz, der Witterung und Vegetation bzw. Nutzungsart der Böden abhängig. Hierbei unterscheidet man zwischen Nähr- und Dauerhumus.
Nährhumus: Er umfaßt diejenigen organischen Zersetzungsprodukte, die den Bodenorganismen als Nahrung dienen. Dabei entstehen leicht lösliche organische Stoffe, die von Pflanzenwurzeln aufgenommen werden können. Die Humusmenge hängt von der Zusammensetzung des verrottenden Materials ab. Stickstoffreiche Substanzen begünstigen die Umsetzungstätigkeit der Mikroben.
Dauerhumus: Teile der Abbauprodukte werden aber auch zu Huminsäuren umgewandelt. Erwünscht sind insbesonders Grauhuminsäuren, die chemisch und biologisch schwer lösbare Komponenten enthalten. Sie zeichnen sich dadurch aus, daß sie sich mit den Bodenmineralien verbinden und zur physikalischen Strukturierung der Erde beitragen. Sie gehören zur Nährstoffreserve im Boden und geben ihre »Nahrung« nur langsam den Pflanzen ab.

Wirkungen des Humus für die Bodenfruchtbarkeit (nach Koepf, Pettersson, Schaumann 1980)

1. Organische Bodenstoffe	pflanzliche Rückstände tierische Ausscheidungen Bodenleben	
	Nährhumus wird abgebaut und ernährt das Bodenleben	Dauerhumus ist beständig, verbindet sich mit den Bodenmineralien
2. Wirkung auf die Nährstoffversorgung der Pflanze	Bodenleben bindet Stickstoff aus der Luft, Nährhumus entläßt bei der Mineralisierung Stickstoff, Phosphor, Schwefel und andere Mineralstoffe, schließt Nährstoffe, einschl. Spurenelemente, aus den Mineralien auf	Enthält Vorrat, gibt langsam verfügbare Nährstoffe ab (alte Kraft) Lagert verfügbare Nährstoffe an und verhindert deren Auswaschung
3. Bodenstruktur	Bodenleben trägt zur Entstehung und Stabilisierung der Bodenstruktur bei	Macht leichte Böden bindiger, erhöht deren Wasserspeicherung, macht schwere Böden porös, verbessert deren Durchlüftung und Erwärmung, bildet Krümelstruktur
4. Gesundheit und Qualität	Liefert Wirkstoffe, pflanzliche Hormone, Antibiotika, steigert biologische Aktivität, diese drängt Schadorganismen zurück	Hat vielseitigen Wirkstoffcharakter, steigert biologische Aktivität, Standort einer artenreichen Mikrolebewelt, diese drängt Schadorganismen zurück

Bodenbildung im Garten

Die Bodenentwicklung in der Natur mag zwar in anschaulicher Weise als Beispiel für den Humusaufbau dienen. Es stellt sich jedoch die Frage, ob im Hinblick auf die Bewirtschaftung eines Gartens solche Darstellungen übernommen werden können, ohne daß Widersprüche und Einseitigkeiten entstehen. Im Unterschied zu den jahreszeitlich bedingten Wachstumsprozessen im Wald, auf dem Acker oder der Wiese ist der Gärtner bestrebt, das Sprossen und Sprießen, Wachsen und Gedeihen solange wie möglich zu erhalten. Ist die Natur dazu im Frühjahr oder Herbst aus eigener Kraft nicht mehr in der Lage, nimmt man die Folienabdeckung, den Frühbeetkasten oder ein Kleingewächshaus zu Hilfe.
Dabei läßt sich die Natur nur bis zu einem gewissen Maße überlisten; die Herbst-und Winterprozesse machen auch vor dem Gartentor nicht halt. Im Unterschied zum freien Spiel der Kräfte in der Natur, hat der Mensch jedoch bis zu einem bestimmten Grad die Möglichkeit, den Abbau, die Umwandlung der Stoffe, lenken zu können. Dies geschieht in einfacher, nachahmender Form mit Hilfe des Mulchens, der Bodenbedekkung der Oberflächenkompostierung. Auch die Gründüngung läßt sich hier noch einbeziehen. Bei diesen Maßnahmen wird frisches Grün, Gras, angerottetes Stroh, Laub und vieles mehr ganz oder zwischen aufwachsenden Kulturen aufgebracht. Sie bieten Boden und Pflanzen Schutz und den Mikroorganismen bis hin zum Regenwurm Lebensmöglichkeit und Nahrung. Die Substanzen verrotten schnell und tragen damit zum freudigen Wachstum im Garten bei.
Die wesentlichen Vorgänge finden jedoch auf dem Kompostplatz, in der Kompost- oder Düngermiete statt. Was sich in der Natur über das Jahr hin großflächig verteilt, wird hier zusammengefaßt, von der Hand des Gärtners gelenkt und gesteuert. Es gilt, nichts zu übersehen, keinen Abfall zu vernachlässigen oder eiweißreiche Materialien gar als lästig zu betrachten. Der Rotteablauf und die Entstehung nahrhafter Erden findet in einem wohlgeordneten Rahmen statt. Hier herrscht auf engem Raum das ganze Jahr hindurch immer »Herbst« und »Winter«, während auf den Beeten Gemüse und Blumen heranwachsen.

Erhöhter Boden, lebendige Erde

Bereits 1924 hat Dr. Steiner aus seiner Naturerkenntnis heraus auf die wachstumsfördernde und bodenbelebende Wirkung von erhöhten Erden hingewiesen. Er erinnerte damit an eine Jahrhunderte alte und in Vergessenheit geratene Tradition Ostdeutschlands, wonach verschiedenartige Erdwälle oder -Dämme angelegt wurden. Sie dienten zur Stärkung des Pflanzenwachstums und Förderung der Erträge sowie der Regulierung des Wasserhaushaltes im Boden. In Gebieten mit zu hohem Grundwasserspiegel setzte man Beete auf oder akkerte sogenannte Bifänge quer zum Hang, um abfließendes Wasser in den Furchen zu halten.
Selbst in schlesischen Hausgärten war das »Bewerfen« der Beete üblich. Dazu

wurde ein bis zu 60 cm tiefer Graben entlang der Grenze zweier Beete ausgehoben und dieselben mit dem Aushub beworfen. Über den Winter bildete sich eine wunderbare Gare. Im nächsten Frühjahr war es ein Leichtes, den lockeren Boden wieder glattzuziehen und zur Bestellung herzurichten.

Die angehäufelte Erde, sie sei hier »Dammerde« genannt, stellt nicht nur eine vergrößerte Oberfläche dar, die im Winter dem Frost preisgegeben ist. Sie bietet darüber hinaus in hohem Maße den Elementen wie Wärme, Licht und Luft, Gelegenheit, den Boden zu durchdringen, das Pflanzen- und Tierleben verstärkt anzuregen. Dabei verlieren die Begriffe »zu naß« oder »zu trocken« an Bedeutung, weil die humosen Böden über eine hohe Wasserspeicherfähigkeit verfügen und ermöglichen, daß auch in einem extrem trockenen Sommer anspruchsvolle Gemüsearten (Kraut und andere mehr) zügig weiterwachsen.

Diese Maßnahmen haben allerdings nur ihre Berechtigung bei Schwarzerdeböden mit einem stabilen hohen Humusanteil, der zudem noch infolge der niedrigen Temperaturen eher mehr statt weniger wird. Für humusärmere Böden wäre eine solche Vorgehensweise nicht denkbar. Sie würde zu einem unerwünschten, d.h. übermäßigen Humusabbau führen.

Der Brauch einen »Kohldamm« in Krautäckern zu errichten, findet seine Parallele, wenn auch abgeschwächt, im Spargel- oder Kartoffeldamm und weist damit wieder auf die beschriebene Wirkung erhöhter Erden hin. Das Anhäufeln gehört heute deshalb zum festen Bestandteil des naturgemäßen Gartenbaus. Dies gilt nicht nur für die zahlreichen Gemüsearten, wie Buschbohnen, Gurken oder Tomaten, auch die Erdbeeren sind für eine solche Anlage vor der Neupflanzung dankbar. Schließlich sei noch auf Versuchsflächen mit der Schwarzen Johannisbeere (Maier 1960) hingewiesen. Die Wallpflanzung hat hier zu einem deutlichen Mehrertrag geführt.

Der Schritt vom Erdhügel zum Komposthaufen ist nur noch ein kleiner; er kann gedanklich leicht mitvollzogen werden. Die Kompostmiete ist durch diesen Aufbau nicht nur in besonderer Weise den Elementen ausgesetzt, die unübersehbare Zahl pflanzlicher und tierischer Organismen führt darüberhinaus zu einer Substanzumwandlung »von Innen« heraus. Es ist dies mehr als sich von einem Erddamm oder Hügel erreichen läßt. Der Komposthaufen wird zu einem Organismus einfacher Art, von einer Haut geschützt und umschlossen.

Die Bereitung will studiert und gelernt sein, das ordentliche Handwerkszeug – in großen Gärten kommen noch Geräte und Maschinen hinzu – darf jedoch nicht fehlen.

Geräte zur Kompostierung

Gabel, Schaufel, Schubkarre, Abdeckmaterial

Zu jeder Garteneinrichtung gehört eine stabile, vierzinkige Gabel, mit der sich das gesamte Kompostmaterial, seien es nun Küchen- oder Gartenabfälle sowie tierische Dünger, wie Pferde- oder Rindermist, herrichten läßt.
Dazu zählt ferner eine Schaufel, wie sie im Bauhandwerk verwendet wird. Es gibt platte und zugespitzte Ausführungen. Zur Aufnahme von Erden dem Umsetzen und Mischen des Materials, eignen sich letztere am besten.
In einem größeren Garten ist eine luftbereifte Schubkarre, möglichst mit verzinkter Wanne, unentbehrlich. Dagegen läßt sich auf kleineren Grundstücken noch so manches mit Körben und Eimern bewerkstelligen.
Handliches Abdeckmaterial kann ferner auf dem Kompostplatz vieles erleichtern und verbessern. Vor einigen Jahren verwandten die Gärtner zu diesem Zweck noch selbsthergestellte Strohmatten. Heute hat sogar der Bastler diese Möglichkeit nicht mehr. Das verfügbare Stroh ist zu kurz und zu brüchig. Ursache dafür ist die chemische Behandlung des Wintergetreides mit Halmverkürzern und die Ernte mit Mähdreschern. Will man auf die Verwendung mitwachsender, sogenannter Schlitzfolien aus Kunststoff verzichten, bieten sich Rohrmatten an, die im Gipserhandwerk nach wie vor benötigt werden und im Baustoffhandel erhältlich sind.

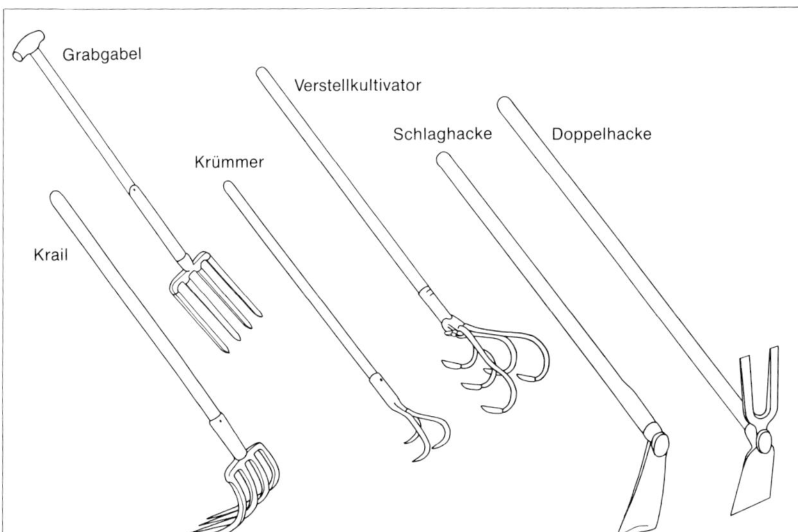

Komposthäcksler

Ihre Anschaffung kommt eigentlich nur für intensiv betriebene Wirtschaftsgärten und nicht für kleinere Haus- und Gartengrundstücke infrage. Mit diesen Geräten sollen auch keine Salat-, Kohlblätter oder ähnliche wasser- und eiweißreiche Küchenabfälle zerkleinert werden, da diese nur eine schmierige und zur unerwünschten Fäulnis neigende Masse ergeben würden. Keine Probleme treten dagegen bei der Verarbeitung von Astwerk, Strünken, Heckenschnitt und anderem mehr auf, sofern das Häcksel-

Linke Seite: Ein Häcksler zerkleinert alle möglichen Gartenabfälle gründlich und schnell.

gut etwa 3 bis 5 cm lang geschnitten und angerissen ist. Das führt zu einer Oberflächenvergrößerung des Materials, so daß Bakterien, Pilze, Würmer und Käfer leichter angreifen können. Eine wesentlich schnellere Rotte bei geringerem Raumbedarf ist die Folge. Dementsprechend kann auch der Kompostplatz oder das Kompostsilo kleiner ausgelegt werden.

Komposthäcksler, auch Schredder genannt, bestehen aus einem Einfülltrichter, rotierenden Messern, einem Benzin- oder Elektromotor und einem Auswurfschacht.

Man unterscheidet vier Messersysteme:

- den häckselnden Messerbaum,
- die hobelnde Messerwalze,
- das schneidende Rundmesser,
- das Hammerwerk, welches das Material zerschlägt.

Allgemein läßt sich sagen, daß kleinere Ausführungen nicht nur wegen der geringeren Schlagkraft, sondern auch von der höheren Reparaturanfälligkeit her weniger geeignet sind. Daher werden fahrbare Geräte, welche sich zudem noch leichter transportieren lassen, mit einer Leistung von 3 kW (etwa 4 PS) bevorzugt. Wenn es auch mit zusätzlichen Mehrkosten verbunden ist, sollte man am Haus oder Kompostplatz eine 380 V Drehstromsteckdose einplanen bzw. anbringen lassen, da bei 220 V nicht selten Sicherungsprobleme, aufgrund von zu geringen Leitungsquerschnitten, auftreten.

Für abgelegene Gartengrundstücke ohne Stromanschluß kommt ein benzingetriebenes Gerät infrage.

Bei der Arbeit ist es empfehlenswert, Handschuhe und eine Schutzbrille zu

Verschiedene Messersysteme: Messerbaum, Messerwalze, Rundmesser, Hammerwerk.

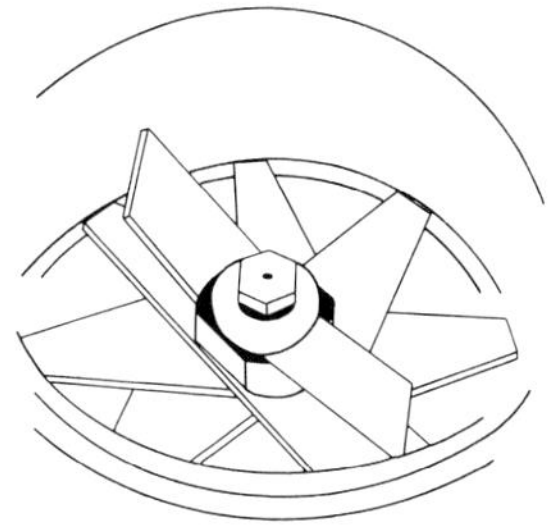

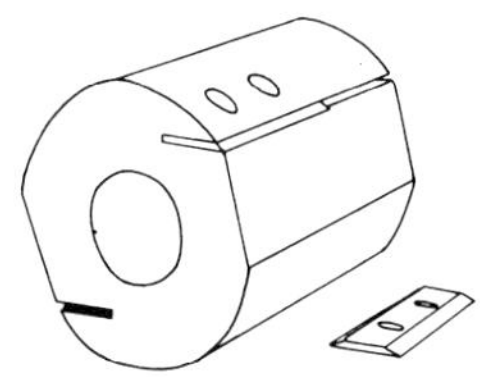

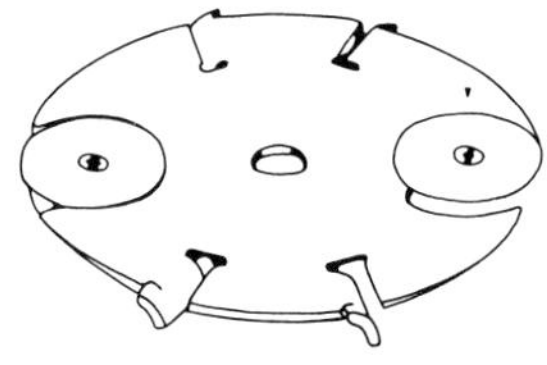

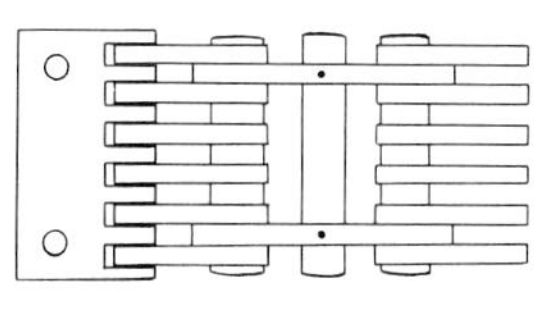

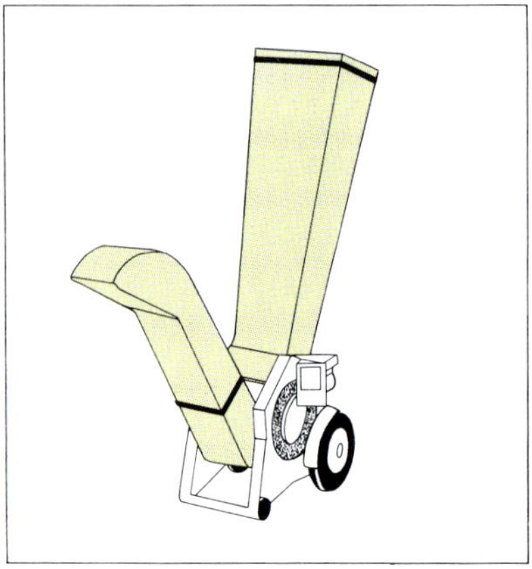

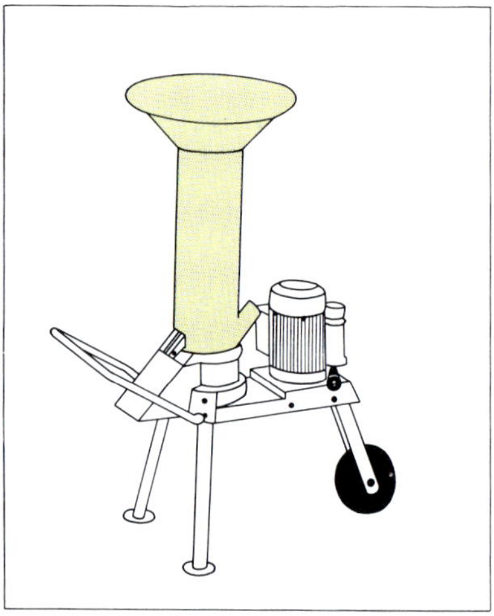

Kleinere Häckselgeräte für den Hausgarten.

Rechte Seite: Ein mit allem Drum und Dran ausgestatteter Kompostplatz.

tragen, um sich vor Verletzungen durch herausgeschleudertes Häckselmaterial zu schützen. Ebenso sollte der Gehörschutz nicht fehlen, da besonders bei trockenem Holz die Lärmentwicklung sehr groß ist. Es versteht sich von selbst, daß die Arbeit mit Häckslern für Kinder ungeeignet ist.

Um ein gutes Ergebnis zu erzielen, braucht man Zeit und viel Geduld. Es ist nicht möglich, Arme voll Strauchwerk oder Ästen, wie auf einigen Prospekten abgebildet, in die Geräte zu stopfen. Vielmehr muß beim Einfüllen des zu häckselnden Materials, das nicht dicker als daumenstark sein sollte, mit Bedacht ans Werk gegangen werden, um Verstopfungen des Gerätes zu vermeiden. Die Arbeit auf dem Kompostplatz kann außerdem erleichtert werden, wenn man abwechselnd Äste, Hasenmist, eingeweichtes Papier (keine Farbdrucke der Rückstände wegen) und anderes mehr einfüllt und so schon bei dem Häckseln eine innige Durchmischung des Materials erreicht. Die gröberen, holzigen Teile des Kompostmaterials lockern auf, was der aeroben (luftliebenden) Vergärung dienlich ist und Fäulnisprozesse verhindert. Schließlich soll nicht unerwähnt bleiben, daß sich möglichst frisches, noch grünes Astwerk leichter und mit geringerer Lärmentwicklung verarbeiten läßt.

Die Beschreibung der Geräte macht deutlich, daß es sich beim Kauf – im Gegensatz zu Hacke oder Schaufel – um eine größere Investition handelt. Deshalb gilt es, in jedem einzelnen Fall die Größe des Fabrikates den Notwendigkeiten im Garten anzupassen und sich bei Vorführungen oder im Garten von Bekannten unbedingt ein Bild von der Leistungsfähigkeit des Gerätes zu machen. Im Zweifelsfalle gibt es nur einen Ratschlag: Abwarten bis weiterentwickelte und bessere Aggregate auf den Markt kommen.

Es stehen auch in vielen Orten Lohnunternehmer mit großen Häckslern bereit, um in wenigen Stunden Berge von Astwerk (bis zu Armdicke) gegen Bezahlung zu verarbeiten. Gleiches gilt für große Gartenbauvereine, die ihren Mit-

gliedern derartige Geräte gegen Gebühr zur Verfügung stellen.
Der Frage nach dem geeigneten Häckselgerät hat sich auch die Stiftung Warentest angenommen und Ergebnisse der umfangreichen Untersuchungen in Heft 2/83 veröffentlicht. Hierbei bekamen von 20 getesteten Geräten 3 für die Qualität der Häckselarbeit die Note »Gut«. Dieses Ergebnis zeigt, daß noch nicht alle technischen Möglichkeiten ausgeschöpft sind.

Behälter zur Schnellkompostierung

Nicht auf jedem Grundstück läßt sich ein Kompostplatz einrichten. Dennoch besteht der Wunsch, die Abfälle von Haus und Garten sinnvoll zu verwerten und nicht in der Mülltonne verschwinden zu lassen. Oft ist einfach auch die wöchentlich anfallende Menge von Kompostmaterialien zu gering, so daß sich das Aufsetzen einer Miete allzusehr in die Länge ziehen würde. Die Abfälle liegen dann lange Zeit auf dem Kompostplatz herum, werden unansehnlich oder gar unappetitlich und dadurch zum Ärgernis für die Mitmenschen.
Aus diesen Gründen ersetzen viele Hausgärtner die Kompostbereitung herkömmlicher Art durch die Verwendung von Silos oder Tonnen. Hierbei erfolgt die Aufbereitung der Substanzen mittels Luft und Wasser, Zuschlagstoffen und Hilfsmittel in gleicher Weise wie bei den Kompostmieten. Die Behälter lassen sich jedoch in kleinen Gartenanlagen gut einsetzen. Die Abfälle werden auf engem Raum gestapelt, was nicht nur Platz spart, sondern auch einen überschaubaren Rotteablauf in der Nähe des Wohnhauses gewährleistet.
In relativ kurzer Zeit steht damit ein brauchbares Kompostmaterial zur Verfügung, weitgehend frei von Unkraut, Schneckeneiern und anderem mehr. Außerdem ist die Arbeitsbelastung bei Ver-

Zwei bewährte Behältertypen. In beiden Fällen läßt sich eine schnelle und gute Rotte erreichen.

wendung dieser Behälter geringer, da das Aufsetzen zu Mieten entfällt und auch nach Abschluß der Füllung unter Umständen auf eine Nachrotte auf dem Kompostplatz verzichtet werden kann. Das Ganze macht stets einen aufgeräumten Eindruck.

Der Standort der Kompostbehälter sollte jedoch sorgfältig ausgewählt werden. Kompostkästen und Drahtgewebesilos müssen vor allzu praller Sonneneinstrahlung und Wind geschützt stehen, damit deren Inhalt nicht austrocknet. Geeignet hierfür ist ein Stück des Gartens, das von Hecken umstanden ist und im Schatten liegt.

Im Gegensatz dazu kann mit der Komposttonne freizügiger verfahren werden. Der Inhalt ist immer vor Austrocknung gut geschützt. Außerdem wird der »Dämpfeffekt« durch die Sonne noch erhöht und somit die Vorrotte beschleunigt. Von diesen Kompostbehältern gibt es verschiedene Arten und Ausführungen.

Komposttonne

Mit der Komposttonne kann man besonders heiß kompostieren (Temperaturen im Abfall über 50 °C). Die erzeugte Wärme bleibt im Behälter längere Zeit erhalten als im Haufen oder Silo. Die Tonne ist in verschiedenen Ausführungen auf dem Markt:

- aus feuerverzinktem Eisenblech,
- aus glasfaserverstärktem Kunststoff.

Beide sind etwa 1 m hoch und 0,5 m breit, teils zylindrisch und teils konisch geformt. Unten befindet sich ein Trichter für den Abfluß des Sickersaftes. Jeweils im unteren und oberen Drittel der Tonne sind rundherum Luftlöcher mit etwa 10 mm Durchmesser gebohrt. Ein Deckel schützt den Inhalt vor zu starken Witterungseinflüssen. Bei einer der angebotenen Metalltonnen läßt sich zur besseren Entnahme des Materials ein Sektor der Wand herausnehmen.

Eine nahezu gleichwertige Tonne läßt sich leicht selbst bauen, indem man auf Ziegelsteine einen Holz- oder Metallrost legt, ein 200-Liter-Faß, dessen Boden und Deckel herausgeschnitten wurden, daraufstellt und – wie beschrieben – in das obere und untere Drittel rundum 10 mm große Löcher bohrt. Als Abdekkung dient ein Stück Holz.

Es empfiehlt sich, mindestens mit zwei, besser noch mit drei Tonnen zu arbeiten. Erstere dient zum Sammeln frischer Abfälle, die zweite zum Verrotten und die dritte der Aufbewahrung des reifen Materials.

Kompostkasten oder Kompostsilo

Der Kompostkasten oder das -Silo ist ebenfalls platzsparend und für den Kleingarten gut geeignet. Auch hier ist es ratsam, wenigstens mit drei Kästen zu arbeiten.

Das Angebot von Kompostkästen auf dem Markt ist mannigfaltig. Ausführungen in Holz, Eternit (Asbestzement) und Stahlbeton sind erhältlich.

Große Verbreitung hat ein Kompostsilo in Lamellenbauweise gefunden, das von Köneman entwickelt wurde. Die Wände bestehen aus schräg gestellten Holzlamellen, die an der Vorderwand herausnehmbar sind. Am Boden steht das Silo auf einem Rost, so daß von allen Seiten

Links: Lamellensilo nach Könemann. Rechts von oben: Kompostsilo aus Zementasbestplatten, Kompostbehälter nach Mücke, Thermo-Komposter.

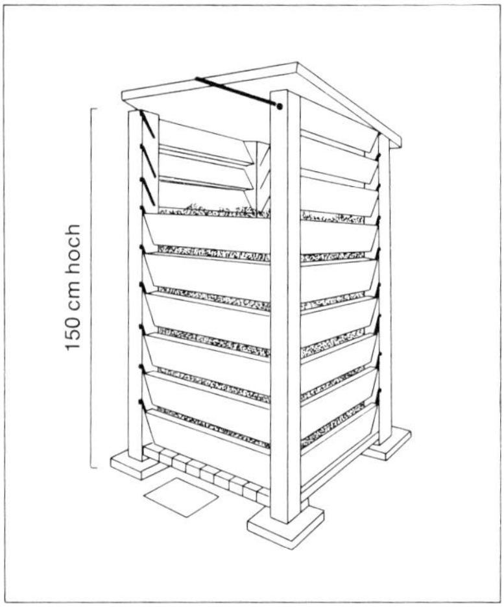

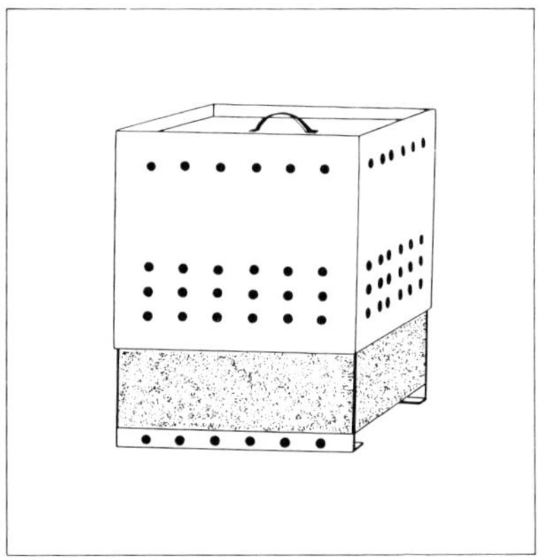

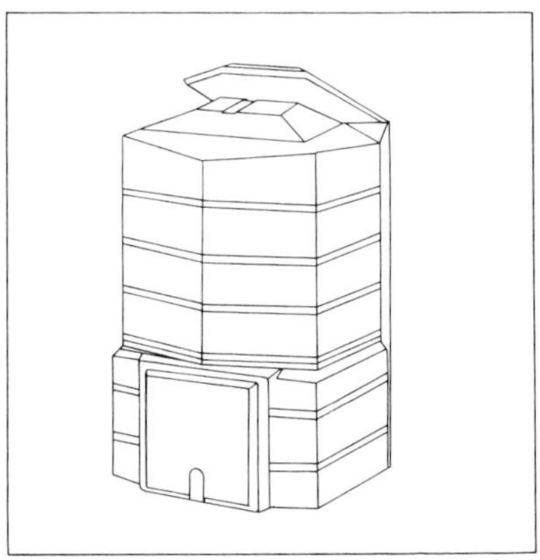

Luft zutreten kann. Ein Deckel schließt den Behälter ab.
Dieses Silo eignet sich sehr gut zur Zeilenbauweise, weil für zwei Kammern nur eine Zwischenwand nötig ist.
In der gleichen Art und Weise gibt es Silos aus Eternitplatten (wegen ihres Asbestgehaltes nicht zu empfehlen), die nur zusammengesteckt werden müssen und solche aus Stahlbetonlamellen bzw. Stahlbeton massiv.
Holzausführungen werden den Anforderungen noch am ehesten gerecht. Sie sind ebenso gut haltbar, da sie mit ungiftigen Mitteln druckimprägniert und leicht zu handhaben sind. Sie lassen sich auch selbst herstellen.

Thermo-Komposter

Sie nehmen eine Mittelstellung zwischen Komposttonne und -Kasten ein. Zwei doppelwandige, der Isolierung die-

Anleitung zum Selbstbau eines Kompostbehälters nach Kern-Valentin.

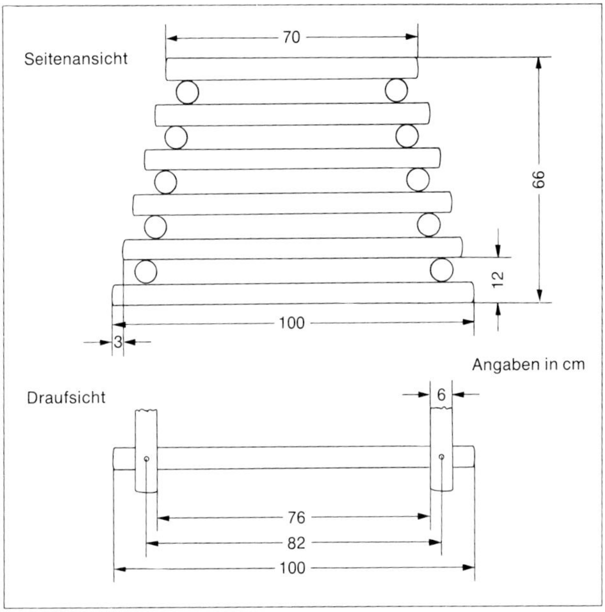

nende Halbschalen werden miteinander verbunden und gewährleisten auch bei kleinen Abfallmengen eine temperaturgerechte Rotte. Befüllt wird über zwei Deckelklappen; die Leerung erfolgt durch eine Entnahmeklappe im unteren Teil des Behälters.

Drahtgewebesilos

Aus punktgeschweißtem Metallgeflecht sind Drahtgewebesilos leicht selbst zu bauen. Bei diesem Behälter besteht die Gefahr der Austrocknung, da durch die großen Maschen Wind und Sonne voll mit dem Kompostmaterial in Berührung kommen. Darum wird das Gitter auf der Höhe des frisch anfallenden Abfalles mit einem Streifen schwarzer Plastikfolie (etwa 30 cm hoch) umhüllt. Sie läßt man mit der Höhe des frischen Materials mitwandern, so daß diese Schicht immer durch die Folie geschützt ist. Ebenso sollte ein Deckel nicht fehlen.

Mit diesen Mitteln läßt sich der Kompostplatz stets sauber halten. Alwin Seifert meint dazu: »Der Kompostplatz muß sich von einem Abfallplatz unterscheiden wie eine Molkerei von einer Alteisenhandlung.«

Eigenbau eines Kompostbehälters

(nach Kern-Valentin)

Der Gartenfreund kann sich leicht eine ebenso ansprechende wie gebrauchstüchtige Holzkonstruktion anfertigen, die den bereits beschriebenen Kompostkästen ähnlich ist. Bewußt wählen wir eine sich nach oben verjüngende Form, damit sich der Behälter nach abgeschlossener Beschickung ohne weiteres alleine oder zu zweit hochheben und umsetzen läßt.
Für den Bau werden geschälte oder naturbelassene Fichtenrundhölzer von

Zwei Beispiele – nicht zur Nachahmung empfohlen. Oben: Zu viel Papier, dazu noch Buntdrucke. Unten: Die starke Schimmelbildung zeigt schlechte Rotte an.

etwa 6 cm Stärke gebraucht, die nach folgenden Maßgaben selbst oder von einer Tischlerei zugesägt werden können:

4 Rundhölzer zu je 100 cm
4 Rundhölzer zu je 94 cm
4 Rundhölzer zu je 88 cm
4 Rundhölzer zu je 82 cm
4 Rundhölzer zu je 76 cm
2 Rundhölzer zu je 70 cm.

Zuerst werden die vier je 1 m langen Hölzer so zu einem Quadrat genagelt, daß an den Ecken jeweils 6 cm überstehen (s. Abb. Seite 33). Darauf befestigen wir die nächste Lage der 94 cm langen Stücke, dann folgen die 88 cm Teile usw. bis die Gesamthöhe von 66 cm erreicht ist. Der Behälter verengt sich also pro Lage an jeder Ecke um 3 cm (konische Form), wobei er jeweils um 6 + 6 cm höher wird (s. Abb. Seite 33).
Diese Konstruktion gewährleistet eine gute Durchlüftung des Kompostmaterials. Da die untersten 2 Hölzer der Bodenfeuchtigkeit besonders ausgesetzt sind, empfiehlt es sich, vor dem Aufstellen teilweise alte Steinplatten oder Ziegelsteine unterzulegen.
Beim Einfüllen der Abfälle ist darauf zu achten, daß die Ecken des Behälters gut ausgefüllt, d. h. die Substanzen dort leicht anzudrücken sind, damit am Schluß beim Abheben des Gestells die Mietenform erhalten bleibt. Die Beschickung erfolgt in gleicher Weise wie sie sonst bei der Kompostierung durchgeführt wird. Dies gilt sowohl für die Mischung der Substanzen, als auch für die jeweiligen Beigaben (einschließlich der Rottelenker). Ist der Behälter gefüllt, lockern wir ihn zuerst am Erdboden durch leichtes Anheben von allen Seiten, heben ihn hoch und setzen das Gestell unmittelbar daneben. Geschieht das im Sommerhalbjahr mehrmals hintereinander, so lassen sich die kleinen Mieten rasch mit wenigen Handgriffen sinnvoll zu einer größeren vereinen, oder die einzelnen Haufen werden gut abgedeckt sich selber überlassen.

Erfahrungsbericht

Der Bericht aus der Hand eines Gartenfreundes mag die Darstellung abschließen:
»Unsere Tonne faßt rund 200 Liter, kann aber infolge des ständigen Zusammensackens der jeweiligen Füllung insgesamt etwa 400 Liter aufnehmen. Das anfallende Kompostmaterial aus Garten und Haushalt ist infolge optimaler Luftzuführung in dieser Tonne sehr schnell vorgerottet, man könnte fast sagen »gedünstet«. Dabei findet eine Heißvergärung statt, wobei ich bei exakten Temperaturmessungen im Sommer maximal 60 °C in dem Behälter feststellen konnte. Wenn das kontinuierliche Zusammensacken des Tonneninhalts aufhört und damit ein weiteres Nachfüllen nicht mehr möglich ist, wird sie entleert.
Zusätzlicher Energiespender und Beschleuniger für den Prozeß der Vorrotte ist die Sonne. Deshalb sollte die Tonne nicht in den Schatten gestellt werden, während umgekehrt die spätere Nachrotte auf der Kompostmiete an schattigerem Ort verlaufen kann. Meine persönliche Meinung ist zudem, daß sich die Ausführungen in Metall schneller erhitzen und nachts entsprechend rasch abkühlen. Derartige Temperaturschwankungen gilt es jedoch zu vermeiden, sie

sind der Rotte nicht förderlich. Ferner hat sich noch ergeben, daß bei absinkenden Außentemperaturen und Verlangsamung der Umsetzungsvorgänge, ein über die ganze Tonne von oben bis unten gestülpter Foliensack die Tonne in ein Warmhaus verwandelt, in welchem die Gärung zunächst weiterläuft. Deshalb ist auf meinem Kompostplatz die Plastikhaube zu einer Dauereinrichtung geworden. Wenn im Winter jedoch wochenlang sehr tiefe Temperaturen herrschen und dazu kaum die Sonne scheint, gefriert der Inhalt trotzdem, taut aber an sonnigen Tagen vom Rand her wieder auf. Der wertvolle Sickersaft wird unter der Tonne aufgefangen und von oben wieder zugegeben. Je wärmer das Wetter und heißer der Inhalt, umsomehr fällt von der Flüssigkeit an. Man muß also das Sammelgefäß kontrollieren und den Saft regelmäßig entfernen bzw. zweckmäßig verwenden. Darüberhinaus ist die Menge in erster Linie von der Zusammensetzung und Beschaffenheit des Einfüllmaterials abhängig. So bindet zum Beispiel geknülltes Papier beträchtliche Feuchtigkeit.

Wie arbeiten wir nun mit der Tonne? Bereits das Aufstellen bedarf einiger Vorarbeit. Aus Steinen wird am gewählten Standort ein ringförmiges Fundament in die Erde gelegt und darunter die Ablaufrinne für den Sickersaft angebracht. Dieser läuft in ein vor der Tonne in die Erde versenktes Gefäß. Es muß jederzeit entleert werden können. Der Schacht wird zudem noch möglichst flie-

So schöne dunkle und lockere Komposterde läßt sich in einem Sommerhalbjahr erreichen.

gendicht abgedeckt. Außerdem stellt man in greifbare Nähe Materialien, wie Mist oder organische Zusatzdünger sowie Gesteinsmehle als Zutaten bereit. Es sollte immer daran gedacht werden, daß auch in einer Tonne die tierische Komponente nicht fehlen darf.

Zum bequemeren Entleeren nach Beendigung der Vorrotte, wird die Tonne mit den Händen seitwärts gestemmt. In den so entstandenen Spalt schiebt man mit dem Fuß eine Holzlatte hinein. Damit läßt sich die Tonne dann leicht umkippen.

Das angerottete Füllgut sah zuerst wie gekocht oder gedünstet und nicht sehr appetitlich aus, roch aber angenehm. Mit scharfem Spaten zerstach ich das feuchte und warme Material, setzte es dann mit der Mistgabel zu einer kleinen Miete auf, was insgesamt nur fünf Minuten dauerte.

Zuletzt sei noch ein Versuchsergebnis angeführt. Das Füllgut einer Tonne wurde im Mai vier Wochen lang vorgerottet. Bei dem Aufsetzen des Tonneninhalts mischten wir tierische Hilfsdünger sowie biologisch-dynamische Kompostpräparate zu. Die Nachrotte auf dem Kompostplatz dauerte drei Wochen im Juni bei einer durchschnittlichen Außentemperatur von 14 °C. Das Ergebnis war ein Kompost von sehr guter Struktur und Feuchte, den wir als Mulchmaterial für Tomaten, Gurken, Sellerie und Kohl verwandten. Die Gewächse zeigten eine tadellose Entwicklung und waren gesund von Anfang an.«

Der Kompostplatz

In jedem Haus- oder Kleingarten fallen täglich bestimmte Mengen von Küchen- und Gemüseabfällen an, die es zu erfassen gilt. Zur Aufnahme und Verarbeitung dieser Substanzen dient der Kompostplatz. Er muß von Anfang an eingeplant und den Erfordernissen entsprechend ausgestattet werden. Der Gärtner wird sich dabei von bestimmten Gesichtspunkten leiten lassen.

Planung

Der Kompostplatz soll vom Wohnhaus nicht zu weit entfernt, jedoch von allen Seiten des Grundstückes gut erreichbar sein. Die Beschickung der Kompostmieten und der Abtransport der fertigen Erden muß leicht vonstatten gehen können.
Bei großen Grundstücken ist die Entfernung zur Straße zu berücksichtigen. Zugekaufte Dünger wie Rinder-, Pferde- oder Schafmist müssen auch mit größeren Fahrzeugen bequem angefahren werden können. Gleiches gilt für die notwendigen Erden, die Gesteinsmehle oder dem Laub von der Straße.
In Hausgärten ist besondere Rücksicht auf den Nachbarn zu nehmen, die gesetzlichen Vorschriften des »Nachbarschaftsrechts« sind deshalb zu beachten. Dies bedeutet, daß bei einer Mietenhöhe bis zu 2 Meter ein Abstand von 0,50 Meter bis zur Grundstücksgrenze gewahrt sein muß. Hinsichtlich der Anlagen von Dungmieten außerhalb geschlossener Ortschaften und an öffentlichen Straßen und Wegen sind die einschlägigen Länderbestimmungen zu beachten.

Linke Seite: Kompostlege im Hausgarten, mit Obstbäumen verblendet. Unten: Große Kompostmiete im Schutz einer Laubhecke.

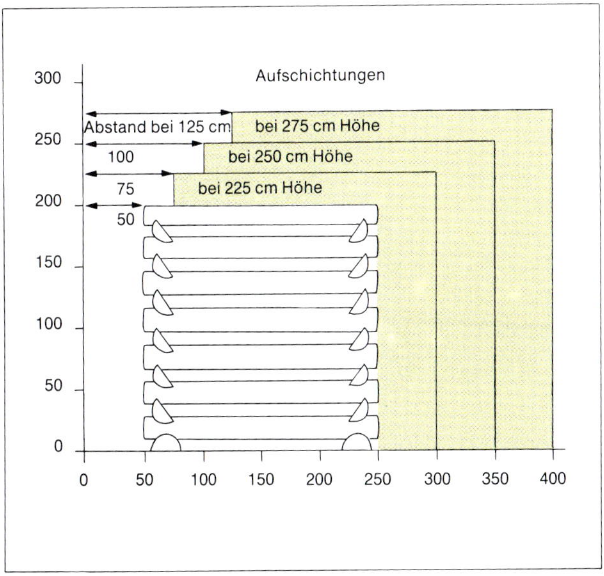

Der vorgeschriebene Grenzabstand richtet sich nach der Höhe des Kompostbehälters.

Befestigte Pfade oder Wege sind von Anfang an erforderlich, damit der Platz auch noch bei langen Regenperioden begeh- und befahrbar bleibt.
Eine Wasserstelle mit Schlauchanschluß darf nicht fehlen, nur so läßt sich auch in trockenen Sommermonaten das Kompostmaterial feucht halten.
Ist an den Erwerb eines Häckslers gedacht, darf eine 380 V Drehstromsteckdose nicht fehlen.

Sträucher als Sichtschutz

Die Kompoststätte soll schattig und windgeschützt liegen, tiefer Schatten ist dagegen zu vermeiden. Dies kann man durch Anpflanzung von Mischhecken erreichen, wobei sich in vielfältiger Weise Blütensträucher verwenden lassen. Es ist dabei an die folgenden Arten zu denken, die nicht nur dem Kompostplatz, sondern auch dem Garten ein freundliches Aussehen verleihen.

Bei den mit (h) gekennzeichneten handelt es sich um baumartige Pflanzen mit einem geraden Stamm. Sie sind über das Heister-Stadium (noch ohne Kronenausbildung) hinaus, bis auf eine Stammhöhe von 1,80 m kultiviert und ausgeputzt. Sie haben also dort keine Verzweigungen mehr.
Auf kleinen Grundstücken sind schon 2 bis 3 Sträucher (z. B. Hasel, Hainbuche, Holunder) ausreichend.
Der Kompostplatz ist so auszulegen, daß zwei Mieten darauf passen. Dies ist schon bei einer Grundfläche des Gartens von 10 × 10 m möglich.
Dazu muß noch ausreichend Platz für 2 bis 3 Fässer zum Zubereiten von Pflanzenjauchen und Gärwässern vorhanden sein. Sie sind für Düngung und Pflanzenschutz unentbehrlich.
Kompostsilos oder -Behälter, sofern gewünscht, müssen sich leicht erreichen und gut beschicken lassen. Dies ist von Anfang an bei der Einrichtung zu berücksichtigen.

Bewährte Sträucher für freiwachsende Blütenhecken

Art	Höhe in m	Blütenfarbe	Blütezeit
Felsenbirne (h) *Amelanchier*-Arten	6-8	weiß	April–Mai
Scheinquitte *Chaeonomeles*-Arten	1–2	rot	März–April
Hartriegel *Cornus alba* 'Sibirica'	2–3	weiß	Mai
Zwergmispel			
Cotoneaster bullatus	2–3	rosa	Mai–Juni
C. dielsianus	2	rosa	Juni
C. divaricatus	2	weiß	Juni
C. multiflorus	3–4	weiß	Mai
Deutzie			
Deutzia × magnifica	2–3	weiß	Juni
D. scabra 'Plena'	2–3	rosa	Juni–Juli
Forsythie *Forsythia × intermedia*	3–4	gelb	April
Ranunkelstrauch *Kerria japonica* 'Pleniflora'	1–2	gelb	April–Mai
Goldregen (h) *Laburnum × watereri* 'Vossii'	5–8	gelb	Mai–Juni
Pfeifenstrauch			
Philadelphus coronarius	3	weiß	Mai–Juni
P. × virginalis	2	weiß	Mai–Juni
Blutpflaume (h) *Prunus cerasifera* 'Nigra'	7	rosa	April–Mai
Blutjohannisbeere *Ribes sanguineum*	2	rot	April–Mai
Spierstrauch			
Spirea × arguta	2	weiß	April
S. menziesii	1–2	rosa	Juni–August
S. thunbergii	1,5	weiß	April
S. × vanhouttei	2–3	weiß	Mai–Juni
Flieder (h) *Syringa vulgaris*-Sorten	3–5	div.	Mai
Gemeiner Schneeball (h) *Viburnum opulus*	2–4	weiß	Mai
Weigelie *Weigela*-Arten	2–3	rosa-rot	Mai

Locker aufgeschichteter Laubkompost unter einem breitkronigen Blätterdach.

Kompostierung

Kompostarten

Der Gärtner hat es mit verschiedenen Kompostarten zu tun, die es zu unterscheiden und ihrer Eigenart entsprechend zu behandeln gilt.
Gartenkompost setzt sich aus frischen Pflanzenteilen wie gejätetem Unkraut, gemähtem Gras, frischen Blatt- und Stengelmassen, Abfällen von geerntetem Gemüse und Gartenfrüchten zusammen. Es kommen außerdem abgeerntetes Erbsen- oder Bohnenstroh, herabgefallenes Laub, alle verwelkten und abgestorbenen Reste von Stauden- und Blumenrabatten mit vielen pflanzlichen Überresten hinzu.
Mistkompost ist immer dann am besten, wenn er vornehmlich aus Rinderdung besteht. Derselbe gilt in seiner stofflichen Zusammensetzung als milde und ausgeglichen. Da er nicht überall zur Verfügung steht, wird bevorzugt auf Pferde- und Schafmist zurückgegriffen. Infolge der starken Hitzeentwicklung am Anfang der Rotte verlangen allerdings beide besondere Aufmerksamkeit.
Spezialkomposte enthalten vornehmlich Laub und Nadeln, Sägemehl oder Hobelspäne. In neuester Zeit findet der verrottete Rindenabfall zahlreiche Abnehmer. Die Verarbeitung von Stadtmüll bleibt nach wie vor besonderen Unternehmen vorbehalten (weitere Kompostarten auf Seite 83).

Ausgangsmaterial

In den Sommermonaten fallen im Garten tagtäglich Abfälle zur Kompostierung an, Küche und Keller liefern Ausputz, Schalen oder verdorbene Früchte nach. Kommen noch abgesägte Äste, kleingehackte Zweige oder dürres Laub hinzu, so haben wir es mit grundverschiedenen Ausgangsmaterialien zu tun. Letztere bestehen aus einem festen Kohlenstoffgerüst (Zellulose, Lignin und andere mehr) mit wenig Wasser. Erstere sind wasserhaltige, pflanzliche Eiweiß- bzw. Stickstoffverbindungen. Beide in fruchtbare Komposterde zu verwandeln, erfordert Kenntnisse im Umgang mit diesen Substanzen sowie Fingerspitzengefühl bei der Aufarbeitung. Wie bereits am Beispiel des Mischwaldes dargestellt, wird die Umwandlung des organischen Materials von einer Unzahl von Mikroorganismen bewerkstelligt. Sie können leichte Arbeit bei wasserreichen Eiweißstoffen verrichten und haben es schwer im Umgang mit trockenem Stroh, Laub oder altem Holz.
Der Gärtner ist deshalb von Anfang an aufgefordert, das kohlenstoffreiche (C) Material mit stickstoffhaltigen (N) Substanzen zu mischen, um damit ein optimales C-N-Verhältnis zu erreichen. Als Maßstab dient ein gut verrotteter Dünger, der ein C-N-Verhältnis von etwa 15 : 1 hat. Bei der Verwendung von Hobelspänen oder Sägemehl mit extrem weitem C-N-Verhältnis müssen deshalb frische, stickstoffreiche Substanzen wie organische Zusatzdünger oder tierische Jauche hinzugegeben werden. Wie unterschiedlich die einzelnen Abfallstoffe zu bewerten sind, verdeutlicht folgende Tabelle:

Das C-N-Verhältnis verschiedener organischer Stoffe in der Trockensubstanz

Harn	0,8
Mistsickersaft	1,9–3,1
Gemischte Schlachthofabfälle	2
Blut	3
Fäkalien	6–10
Grünmasse	7
Humus, Schwarzerde	10
Mistkompost, acht Monate kompostiert	10
Rasenschnitt	12
Kot landwirtschaftlicher Nutztiere	15
Reifer Mistkompost, vier Monate alt ohne Erde kompostiert	15
Stapelmist nach dreimonatiger Lagerung	15
Hülsenfruchtstroh	15
Luzerne	16–20
Stroharmer Frischmist	20
Küchenabfälle	23
Kartoffelkraut	25
Fichtennadeln	30
Frischer Stalldung bei starker Stroheinstreu	30
Schwarztorf	30
Stadtmüll	34
Baumlaub	50
Weißtorf	50
Getreidestroh	50–150
Haferstroh	50
Roggenstroh	65
Weizenstroh	125
Verrottetes Sägemehl	208
Sägemehl	511

Wird die Zugabe von stickstoffreichen Substanzen zu kohlenstoffhaltigen Abfällen vom Gärtner unterlassen, muß die Mikrobenwelt die Umwandlung und den Abbau des im Übermaß vorhandenen Kohlenstoffs besorgen, was mit einem erheblichen Zeitaufwand und spürbarem Substanzverlust verbunden ist. Die Rotte verläuft langsamer, die Miete wird schnell kleiner. Das gilt es zu vermeiden. Ein richtig zusammengesetzter Komposthaufen von 1 m Höhe schrumpft in den ersten Wochen lediglich um 10 bis 20 cm, obwohl die Substanzen umgebaut werden.

Es kann nicht Aufgabe des Gärtners sein, rechnerisch an diese Fragen heranzugehen. Bei einigem Fingerspitzengefühl läßt sich rasch ermitteln, welche Ausgangsstoffe vorliegen und was gegebenenfalls an eiweißreichen Substanzen wie Mist, Blut-, Kadaver- oder Hornmehl bzw. -Gries oder -Späne noch zugekauft werden muß.

Bodenproben

Bei allen Maßnahmen kann es sich nicht allein darum handeln, ein ausgeglichenes Kompostmaterial zu besitzen, es müssen auch die Einseitigkeiten der Äkker und Gartenböden, die Ungleichgewichte in der Nährstoffversorgung – insbesondere bei Kalk, Phosphor und Kalium – sowie der Mangel an Spurenelementen berücksichtigt werden. Gewiß lassen sich nur einige Elemente mit einfachen Mitteln untersuchen. Die Werte von Kalk, Phosphor und Kalium (möglichst noch Magnesium) im eigenen Grundstück sollten aber auch dem Hausgärtner bekannt sein. Er muß darauf hinsichtlich der Düngung folgerichtig reagieren, was die Pflanzen mit ausgeglichenem Wachstum und harmonischer innerer Zusammensetzung danken. In regelmäßigen Abständen von drei Jahren sind deshalb die Böden auf ihren Nährstoff- und Humusgehalt zu untersuchen.

Zuschläge zu Mist und Kompost

Im Hausgarten stellt sich oft die Frage, was nach Fertigstellung des Wohnhauses mit dem vielen Aushub geschehen soll. Dabei gilt es, auf folgendes zu achten:

- Tote, unbelebte Erden wie schwere Tone, Letten oder Keuper, eignen sich nicht zur Kompostierung. Sie bedürfen einer oft Jahre dauernden, getrennten Aufarbeitung in Erdmieten.
- Fruchtbarer Boden kann unbedenk-

Säuregrad (pH-Wert):

pH 3 4 5 6 7 8 9

extrem sehr stark stark mäßig schwach | schwach stark extrem

sauer | alkalisch

neutral

lich in einer Menge von 5 bis 10% (Vol.) in die Komposthaufen eingearbeitet werden. Bei hitzigem Pferde- oder Schafmist ist eine derartige Beigabe sogar besonders günstig. Außerdem läßt sich auf diese Weise knappes Material strecken. Steht mehr Erde zur Verfügung, dann kann die Beimengung bis auf 30% erhöht werden.

- Trockene Erden entziehen den wasserhaltigen Abfallstoffen die notwendige Feuchtigkeit. Dies kann besonders in den Sommermonaten unangenehme Folgen haben. Sie sind deshalb während dem Aufbringen sofort durchdringend zu wässern.

Gesteine, Tonerden, Mineralstoffe

Es ist heute üblich, fehlende Substanzen in Reinform auf das Land zu bringen. Das mag bei den sogenannten Grundnährstoffen wie Kalk, Phosphor und Kalium noch zur Zufriedenheit ablaufen, obwohl die in vielen Gärten und Obstgrundstücken feststellbare Überdüngung nachdenklich stimmt. Die Verwendung von Zuschlagstoffen wie Phosphor, Kalium und Kalk sollte deshalb nicht willkürlich geschehen, sondern auf die Bedürfnisse des Bodens abgestimmt sein. Das Einbringen von Spurenelementen aus dem Düngersack ist noch schwieriger, da einerseits komplette Bodenanalysen zu teuer sind und andererseits das Ausbringen wohl dosierter Gaben nicht möglich ist. Deshalb erweisen sich die nachfolgend beschriebenen Naturstoffe als wertvolle Helfer. In geringer Dosierung angewandt, durchlaufen sie von Anfang an den Kompostierungsprozeß, werden dabei weiter aufbereitet und sind trotz der geringen Mengen in der Lage, hinsichtlich Mineralstoffen, Spurenelementen und sogenannten Nährstoffaustauschern (Tonminerale) für einen ausgeglichenen Boden zu sorgen.

Aus diesem Grunde wurden schon vor dem ersten Weltkrieg in der Schweiz gemahlene Gesteine wie Granit und Basalt zur Bodenverbesserung in großen Mengen direkt aufs Feld gestreut.

Heute gewinnt die oben beschriebene und verbesserte Anwendungsform im Kompost zunehmend an Bedeutung. Die angegebenen Mengen beziehen sich dabei immer auf 1 m^3 des jeweiligen Abfallmaterials.

Basaltmehl. Es handelt sich um Glutflußgesteine vulkanischen Ursprungs, die in verschiedenen erdgeschichtlichen Zeiten an die Oberfläche getreten sind. Sie zeichnen sich alle durch einen großen Reichtum an Mineralstoffen und Spurenelementen aus (s. Tab.). In den Kompost eingestreut, bindet der Basaltstaub außerdem unliebsame Gerüche und trägt wesentlich zur Bildung von stabilen Ton-Humuskomplexen bei. Aufwandmenge 5 bis 10 kg/m^3

Lavamehl (aus der Eifel) dient dem gleichen Zweck. Unterschiede in der Zusammensetzung sind der Tabelle zu entnehmen. Aufwandmenge ebenfalls 5 bis 10 kg/m^3.

Tonminerale. Bei den gleichen erdgeschichtlichen Vorgängen haben sich aus Eruptivgesteinen sekundäre Ton-Schichtminerale, wie Kaolinit, Illit oder Montmorillonit sowie auskristallisierte Silikate gebildet, in die Elemente wie Aluminium, Eisen, Magnesium, Kalium und andere mehr eingelagert sind. Allen

Tonmineralen ist gemeinsam, im Boden Wasser zu halten und austauschbare Nährstoffe zu binden. Diese Eigenschaften sind beim Montmorillonit durch seine große, innere Oberfläche (600 bis 800 m^2/g) besonders ausgeprägt.
Im Garten- und Obstbau wird deshalb gerne zu Bentonit (unter anderem im Handel als »Edasil« erhältlich) gegriffen, das aus 50% Montmorillonit sowie Illit und Kaolinit besteht. Direkt ausgebracht, kann es die Struktur sandiger Böden entscheidend verbessern; im Komposthaufen eingestreut, wird die Ton-Humusbildung gefördert. Aufwandmenge etwa 1 bis 2 kg/ m^3.

Analysen von		**Basaltmehl** %	**Lavamehl** %	**Nilschlamm** %
Siliciumdioxid	SiO_2	48,3	35–45	48,50
Aluminiumoxid	AL_2O_3	19,2	11–14	19,35
Calciumoxid	CaO	8,1	11–17	3,31
Eisenoxid	Fe_2O_3	8,1	10–12	10,47
Magnesiumoxid	MgO	8,3	6–16	2,95
Kohlendioxid	CO_2	–	1	1,04
Titandioxid	TiO_2	–	2–4	2,46
Phosphorpentoxid	P_2O_5	–	0,5–1,5	–
Schwefeltrioxid	SO_3	–	0,4	–
Chlor	Cl	–	0,1	–
Kaliumoxid	K_2O	1,7	4	0,92
Natriumoxid	Na_2O	2,5	4	0,81
Chem. geb. Wasser	H_2O	0,6	3	–

Bei diesen Angaben handelt es sich um Mittelwerte, wobei nicht alle enthaltenen Elemente untersucht worden sind. Der Nilschlamm wird immer wieder gerne zum Vergleich herangezogen.

Analyse von Bentonitmehl (Calcium-Bentonit)

Kieselsäure	SiO_2	60%	Calciumoxid	CaO	3%
Aluminiumoxid	Al_2O_3	17%	Magnesiumoxid	MgO	4%
Eisenoxid	Fe_2O_3	5%	Kaliumoxid	K_2O	2%
Titandioxid	TiO_2	0,3%	Natriumoxid	Na_2O	0,2%

Mikronährstoffe: Mangan, Kupfer, Bor — Glühverlust 7%

Analyse von Korall-Algenkalk »Algomin« - Mittelwerte

Durchschnittswerte pro 1000 kg:

Kalkkarbonat	825,00 kg
Magnesiumkarbonat	125,00 kg
Kieselsäure	45,00 kg
Organische Substanz	30,00 kg
Eisen	13,50 kg
Kalkphosphat	9,00 kg
Schwefel	5,50 kg
Kalium	1,75 kg
Jod	450,00 g
Mangan	400,00 g
Indium	175,00 g
Zinn	110,00 g
Bor	90,00 g
Fluor	45,00 g
Chrom	45,00 g
Blei	40,00 g
Kupfer	40,00 g
Zink	40,00 g
Titan	35,00 g
Nickel	6,00 g
Molybdän	3,50 g
Kobalt	1,50 g
Selen	1,50 g
Und etwa 30 weitere Elemente	

Kalk. Bestehen Gartenkomposte aus frischem Gras oder vielen Küchenabfällen, so ist zur besseren Rotte und Verhinderung von Faulstellen in der Miete 1 bis 2 kg Ätz- oder Branntkalk je m^3 einzustreuen (einpudern). Steht derselbe nicht zur Verfügung, läßt sich eine ähnliche Wirkung auch mit der doppelten Menge kohlensaurem Düngekalk erreichen. Allerdings gilt diese Handhabung nur für reine Garten- bzw. Meliorationskomposte. Bei tierischen Düngern (Mist) würde diese Handhabung zu erheblichen Verlusten führen, denn der wasserlösliche Kalk geht flüchtige Stickstoffverbindungen ein; im Gegensatz zum Korall-Kalk, der als »Bakterienfutter« dient, d.h. von den Mikroorganismen aufgeschlossen werden muß. Dieser, im Handel als »Algomin« erhältliche Kalk, wird aus dem Meer vor der französischen Atlantikküste gewonnen, wo sich im Ablauf vieler Jahrtausende mächtige Barrieren aus Rotalgen *(Lithotamium calcarum)* gebildet haben. Auch hier ist der Reichtum an Spurenelementen auffallend, der Gehalt an Magnesium beachtenswert. Mit dem Algenkalk lassen sich auf Äckern, Wiesen oder Gartenbeeten Mangelerscheinungen ausgleichen, der pH-Wert steigt an. Für die Kompostierung wird man 3 bis 5 kg/m^3 verwenden.

Stickstoffhaltige Düngemittel

Steht kein tierischer Dünger zur Verfügung und weist das Ausgangsmaterial ein weites C-N-Verhältnis auf, ist die Zugabe von stickstoffhaltigen Substanzen erforderlich. Auch hier ist der Mikrobenwelt am besten gedient, wenn ihr organische Abfallprodukte angeboten werden. Dabei kann der natürlich gebundene Stickstoff dem mineralischen nicht gleichgesetzt werden. Ersterer wirkt langsamer, dafür aber nachhaltiger.

Je nach den örtlichen Gegebenheiten stehen folgende Substanzen zur Verfügung:

Hornmehl. Für die Beigabe in den Komposthaufen kommen nur Späne, gegebenenfalls auch Horngries infrage. Leider wird von einigen Firmen das harte Material geröstet, wobei Eiweißbestandteile gerinnen und sich dadurch in der Miete schwerer aufschließen lassen (4 bis 6 kg/ m^3).

Blut- und Kadavermehl. Ein hochkonzentrierter, schnell wirksamer Dünger, der nur in kleinen Mengen in das Kompostmaterial eingepudert werden kann.

Borstendünger. Sie sind meistens mit Haut- und Klauenteilen versetzt und werden in der Miete nur sehr langsam aufgeschlossen. Das Material kommt getrocknet und abgesackt in den Handel; man sollte niemals die Ware vom Schlachthof direkt beziehen.

Phosphor

Zeigen die Bodenwerte deutlichen Phosphatmangel an, dann ist die Beigabe von entsprechenden Abfallstoffen zu bedenken.

Hühnerdünger. Er steht manchem Hausgärtner noch zur Verfügung, kann aber auch getrocknet und abgesackt bezogen werden (Aufwandmenge 5 bis 10 kg).

Knochenmehl. Es enthält den Phosphor als Kalziumphosphat, allerdings mit unterschiedlichen Gehalten. Das entleimte und entfettete Knochenmehl enthält davon etwa 30 %, das gedämpfte Material weist noch Werte von 18 bis 22 % Phosphat bei rund 4 % Stickstoff auf. Gerade die Begleitstoffe (Leimreste) machen diesen Dünger so wertvoll (Aufwandmenge 5 bis 8 kg/ m^3) und werden von den Mikroorganismen relativ rasch aufgeschlossen. Die Knochenmehle werden heute in der Tierfütterung eingesetzt, sie sind deshalb knapp und teuer.

Weicherdiges Rohphosphat. Da die bereits genannten Naturprodukte nicht immer oder nur in unzureichenden Mengen zur Verfügung stehen, gewinnt die-

Zusammensetzung organischer Dünger in %

Düngemittel	organ. Substanz	Stickstoff	Phosphor	Kalium	Kalk	Magnesium
Hühnermist, trocken	30–70	3–4	3–5	2–3	7–14	1–3
Tiermehl	70	8	12–32	phosphorsaurer Kalk		
Blutmehl	60–70	12	1,5	0,8	1	
Borsten	80	11				
Federn	75	12				
Hornmehl	65–75	10–12				
Hornspäne	85–90	12–14				
Knochenmehl, gedämpft	30	4–5	18–22	0,2	27	

Nährstoffgehalte verschiedener Aschen in % (nach Rohde 1957)

Feuerungsrückstände:	Wasser	Organ. Masse	Stickstoff	Phosphor	Kalium	Kalk
Eichenasche	–	–	–	3,46	8,43	75,45
Weißbuchenasche	–	–	–	10,74	10,63	52,23
Ulmenasche	–	–	–	3,64	21,92	47,80
Kiefernasche	–	–	–	7,24	12,98	45,29
Rottannenasche	–	–	–	5,99	11,50	44,98
Buchenasche	–	–	–	8,65	12,50	39,27
Birkenasche	–	–	–	3,99	8,66	36,25
Nadelholzasche	5,00	5,00	–	2,50	6,00	35,00
Lindenasche	–	–	–	5,12	37,84	31,60
Laubholzasche	5,00	5,00	–	3,50	10,00	30,00
Lärchenasche	–	–	–	3,06	15,24	27,00
Ausgelaugte Holzasche	20,00	5,10	–	6,10	2,60	24,50
Torfasche	5,00	–	–	2,00	1,00	15,80
Braunkohlenasche	5,00	–	–	0,60	0,70	16,00
Steinkohlenasche	5,00	5,00	–	0,50	0,10	3,50
Flugasche	–	–	0,50	0,5–1,5	12,00	15,00
Holzruß	5,30	71,50	1,40	0,50	2,40	10,20
Ofenruß	5,00	78,20	1,80	0,40	1,20	7,00
Steinkohlenruß	5,00	70,60	2,50	–	0,10	4,00

ser Dünger zunehmend an Bedeutung. Es wird in Marokko und Tunesien untertage in 50 bis 100 m Tiefe abgebaut. Die umfangreichen Lagerstätten sind in prähistorischer Zeit im Schelfmeer entstanden und weisen Spuren von Fischen und wirbellosen Tieren auf. Das Material wird staubfein zubereitet und steht als »Hyperphos« oder Rohphosphat zur Verfügung (3 bis 8 kg/m^3).

Kalium

Im naturgemäßen Gartenbau macht sich gelegentlich Kalimangel bemerkbar, da die tierischen Jauchen mit ihren relativ hohen Kaliwerten nicht zur Verfügung stehen. Der Hausgärtner wird sich mit der Zugabe von Holzasche (3 bis 5 kg/m^3) behelfen können, wobei aus der obigen Tabelle ersichtlich wird, wie unterschiedlich die Aschen der einzelnen Hölzer zu bewerten sind. Von Dr. Steiner stammt die Angabe, daß im Bedarfsfall auch Kalimagnesia, im Handel als »Patentkali« erhältlich, in den Land- und Gartenbau eingeführt werden kann. Es ist ein stark saurer, wasserlöslicher Dünger, der nur in ganz geringen Mengen (1 bis 2 kg/ m^3) dem Kompostmaterial zugegeben werden sollte. Eine un-

Schematischer Schnitt durch ein Hochmoor.
a = Mudde,
b = Schilftorf,
c = Seggentorf,
d = Erlenbruchtorf, darüber Birkenkiefer-Übergangswaldtorf,
e = stark,
f = schwach zersetzter Sphagnumtorf.

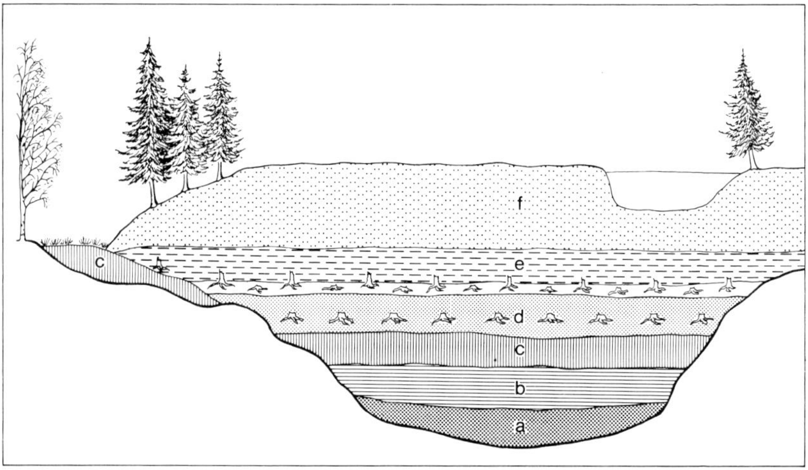

sachgemäße Handhabung, d.h. der Zusatz von größeren Gaben, behindert den geforderten Rotteablauf deutlich.

Torf

Torfmull und Torfstreu haben die gute Eigenschaft, bis zum 10fachen ihres Eigengewichtes Wasser aufzunehmen. Er wird deshalb gerne in der Haustierhaltung, bei Schafen und Ziegen, verwendet. Dem Stroh oder anderer Einstreu (Laub, altes Heu) beigemischt, bindet Torf die tierische Jauche sowie das leicht flüchtige Ammoniak. Dabei ist in erster Linie an den Tiefstallmist zu denken, also Düngermengen, welche lange im Stall verbleiben und nur wenige Male im Jahr herausgebracht werden. Das Ausmisten und nachfolgende Aufsetzen läßt sich dabei leichter bewerkstelligen, wenn man von Anfang an dem Dünger Rottelenker oder -Beschleuniger beigibt.

Haben wir es mit reinem Mistkompost zu tun, so können in die Miete fortlaufend, alle 30 cm etwa, dünne »Torfschleier« eingebracht werden. Sie erfüllen eine abschirmende, umhüllende, der Haut ähnliche Funktion, binden den flüchtigen Stickstoff und tragen zur besseren Rotteführung bei.
Im übrigen sollte man immer die Frage nach der unbedingten Notwendigkeit einer solchen Maßnahme stellen. Die noch abbauwürdigen Moore werden in Mitteleuropa weniger, der Torf ist damit zu einem kostbaren Gut geworden, zumal meistens der Abbau mit der Zerstörung letzter Biotope verbunden ist.

Sonstige Abfallstoffe

Papier. Seine Verarbeitung und Zersetzung sollte, der schnelleren Rotte wegen, dem Kompostsilo vorbehalten bleiben. In kleineren Mengen, gehäckselt und im feuchtem Zustand läßt es sich auch in Mieten einarbeiten. Buntdrucke eignen sich nicht für den Kompost.

Aschen. Auf den Kaligehalt der Holzasche und ihre gute Verwendbarkeit wurde bereits hingewiesen. Die Verwendung von Torf zu Heizzwecken ist sehr selten geworden. Anfallende Aschenreste lassen sich heute nur noch bedingt (Schadstoffbelastung durch Schwermetalle) ohne Beschwerden in den Mieten verarbeiten. Braunkohle und Flugasche, gegebenenfalls auch vollständig verbrannte Steinkohlenasche, sollte nach Könemann (1981), zwecks besserer Umwandlung der Sulfide in pflanzliche Sulfate, mit 0,1 % Kaliumpermanganat überbraust werden. Der Vorgang ist nach dem Umsetzen der Mieten zu wiederholen. Komposte mit Aschenzusätzen zeichnen sich durch einen hohen Kalkgehalt aus.

Fäkalien haben im Garten nichts zu suchen. Ihre Verarbeitung im Stadtmüll bleibt besonderen Unternehmen vorbehalten.

Anlage und Aufsetzen eines Komposthaufens

Nach Francé ist der »Kompost... nichts anderes als eine wahre Kultur des Edaphon, eine Massenzüchtung von Bodenlebewesen.« Anders ausgedrückt ist die Flora und Fauna im Komposthaufen das Abbild des innigsten Zusammenhangs zwischen Tier, Pflanze und Boden. Kein Wunder, wenn am Anfang der gärtnerischen Bemühungen hier noch Wünsche offenbleiben, und sich der »Bestand« an Bodentieren nur zögernd einstellt. Man kann diese Lebewesen nur dann in der eigenen Anlage mit Erfolg zur Vermehrung und Ausbreitung bringen, wenn vorher die notwendigen Voraussetzungen für einen glatten Rotteverlauf geschaffen worden sind. Aus diesem Grund ist im Gartenbau zunächst folgendes zu beachten:

Voraussetzungen

Das Erdreich muß für die Miete zubereitet werden. Das geschieht am einfachsten mit der Grabgabel, die in den Boden eingestochen und am Griff hin und her bewegt wird.

Soll die Miete auf einer dichtbewachsenen, alten Wiese zum Lagern kommen, muß die Grasnarbe vollständig umgebrochen werden.

Das Anlegen einer »Kompostmulde« ist im mitteleuropäischen Raum nicht erforderlich. Im Gegenteil, eine leichte Erhöhung kann in regenreichen Jahren hilfreich sein.

Eine Betonplatte als Unterlage behindert den Rotteablauf deutlich und scheidet aus.

Die verschiedensten Ausgangsstoffe wie tierischer Dung, Abfälle von Garten und

Rechts im Bild die Neuanlage einer Kompostmiete mit längs in der Mitte eingelegtem Belüftungsrohr.

Haus, Laub oder Erden können unbedenklich miteinander gemischt und aufgesetzt werden. Je vielseitiger das Ausgangsmaterial desto besser, besonders dann, wenn auf diese Art noch das C-N-Verhältnis reguliert werden kann.
Die Mieten sind immer am selben Platz aufzusetzen. Man »wandert« nicht mit dem Komposthaufen durch den Garten. Die notwendige Fauna und Flora befindet sich dann immer »vor Ort«.
Die fertigen Erden dürfen niemals restlos aufgebraucht werden. Eine bestimmte Menge ist zurückzuhalten und als »Impfmaterial« der nachfolgenden Miete unterzumischen.
Der rote Mistwurm läßt sich auch im eigenen Garten vermehren, sofern man die notwendigen Voraussetzungen schafft und den Arbeitsaufwand nicht scheut. Das kann an folgendem Beispiel deutlich werden.

Wurmzucht im Garten

Im Kompost- und Düngerhaufen entwickelt sich vornehmlich der kleine, rote Mistwurm *(Eisenia foetida)*. Er siedelt sich auch ohne Schwierigkeiten auf dem Kompostgelände an, wenn man seine Entwicklungsbedingungen berücksichtigt. Eine kleine Anzahl Würmer kann man sich bei Freunden besorgen, im

Je mehr Mistwürmer den Komposthaufen beleben, desto schneller und ergiebiger verläuft die Rotte. Die Kompostwürmer produzieren eine hervorragende Wurmerde.

Fachhandel erwerben oder zuschicken lassen.
In der mitgelieferten Erde bzw. in dem besser noch rohen Kompostmaterial sollte es dabei auch nicht an Regenwurmkokons fehlen. Sie sind etwas größer als Schneckeneier, bräunlich gefärbt und enthalten im fortgeschrittenen Zustand mehrere junge Würmer, die kurze Zeit später ausschlüpfen. Man tut gut daran, zunächst in einer kleinen, nicht zu tiefen Grube einen Vermehrungskompost für diese Lebewesen anzulegen, indem man die Würmer in einer Mischung von frischem oder angerottetem, wenn möglich leicht strohigem Rindermist aussetzt. Vor allem auch Zwiebel- oder Lauchabfälle, frisch gemähtes Gras und anderes mehr lieben diese Geschöpfe sehr. Die Grube wird dann am besten mit einem alten Sack abgedeckt.
Wenn die Würmer sich gut und zahlreich vermehrt haben, was je nach Jahreszeit mehr oder weniger rasch vonstatten geht, gibt man vom Grubeninhalt handvollweise Material in die Kompost- oder Misthaufen. Je nach der Zusammensetzung der Mieten und einer angemessenen Wärmeentwicklung kann es bis zu einem Jahr dauern, bis die Würmer in größerer Zahl zum Vorschein kommen. Man muß dann aber auch für die Erhaltung derselben sorgen, indem man immer wieder frisches Kompostmaterial zur Verfügung stellt, in das die Tiere übersiedeln und sich weiter vermehren können. Dazu muß noch bedacht werden, daß der Mistwurm empfindlich gegenüber frischem Kalk sowie Asche (auch Holzasche) ist. Es ist deshalb besondere Vorsicht bei der Verwendung von Ätz- oder Branntkalk geboten.

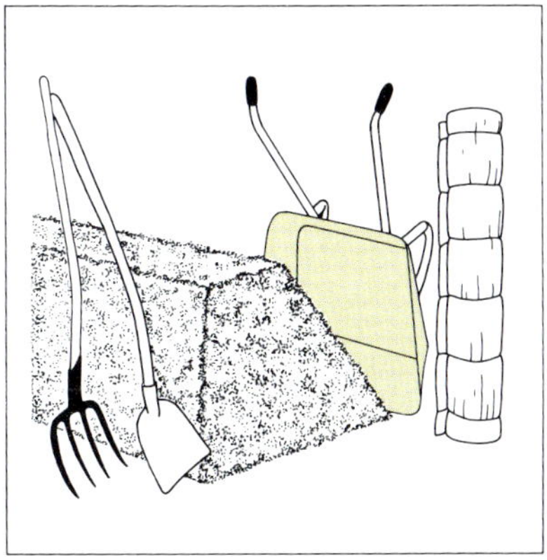

Den roten Mistwurm kann man nicht unmittelbar in Gärten aussetzen, da er zu seiner Entwicklung größerer Mengen frischer Abfälle bedarf. Er hält sich deshalb nur so lange im Erdreich, als noch frische organische Substanzen vorhanden sind. Dann sind sie schnell verschwunden.

Miete

Sie soll im Garten eine Breite von 1,20 m bis 1,50 m haben; die Höhe beträgt 0,80 bis maximal 1 Meter. Die Seiten fallen schräg ab. In niederschlagsreichen Gebieten wird man die Miete spitz nach oben auslaufen lassen, in Trockenlagen sind niedrige und eher breite Wallformen zu bevorzugen. Die Länge spielt keine Rolle, wohl aber die Kürze. Damit sich die Lebensprozesse voll entfalten können, muß man den Organismen Raum zur Verfügung stellen. Der sollte 2 bis 3 m^3 je Komposthaufen betragen. Dies führt in kleinen Gärten häufig zu Problemen, da so viel Material nicht immer zur Verfügung steht und zusätzliche Abfallsubstanzen beschafft werden müssen.
Selten wird die Miete an einem Tag aufgesetzt. Deshalb ist auf dem Platz eine

Linke Seite: Beispiele für gute Mietenabdeckung: oben mit Torf, dazu bereitgestellte Rottelenker mit Stock, unten mit Plane.

Kürbispflanzungen am und auf dem Kompost. A = richtig, B = falsch.

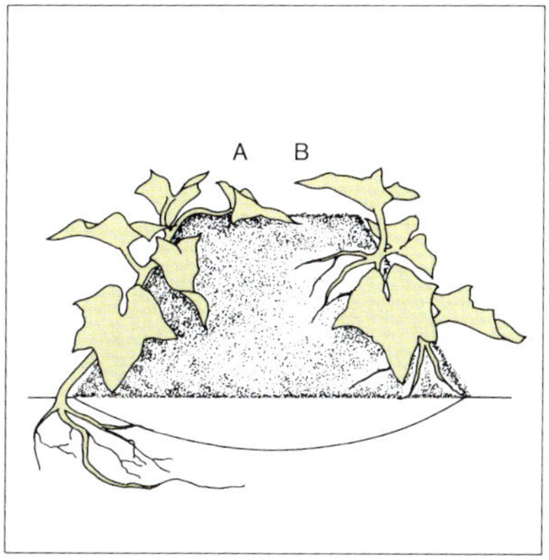

Sammelstelle vorgesehen, auf welcher der tägliche Abfall gelagert und mittels Matte gut gegen Ungeziefer und übermäßige Austrocknung in den Sommermonaten geschützt ist. In vielen Fällen wird diese Funktion die Komposttonne oder Dunglege übernehmen.
Einmal in der Woche erfolgt das Aufsetzen. Wenn kein Häcksler bzw. Schredder vorhanden ist, muß das sperrige Gut zerkleinert werden. Alwin Seifert sah es noch in hohem Alter als seine Aufgabe an, täglich in einer bestimmten, sehr kurz bemessenen Zeit alles Schnittgut, Ast- und Strauchwerk mit dem Beil zu zerkleinern. Vieles läßt sich schon mit einer kräftigen Hacke erreichen.
Bei allen Gartenabfällen hat sich das Aufbringen in Schichten nicht bewährt, die lockere Mischung ist hier zu bevorzugen. Eine Ausnahme macht dabei lediglich der Stallmist, in den Torfstreu »hauchdünn« in Lagen aufgestreut werden kann. Die entstehende Miete ist jedesmal abzudecken, bis wieder ausreichend Material zur Verfügung steht und die Arbeit fortgesetzt werden kann.
Die Präparate, Impfstoffe und Rottelenker werden – je nach Erfahrung und Anweisung – schon während des Aufsetzens eingebracht. In der Regel gilt: je früher desto besser.

Abdeckung

Hat die Miete die gewünschte Höhe erreicht, gilt es noch zu bedenken, daß die anzustrebende, milde Vergärung in der Miete nur dann zustandekommt, wenn eine schützende, umhüllende und dennoch luftdurchlässige Haut das Ganze umgibt. Nur so ist der notwendige Austausch von innen nach außen – und umgekehrt – gewährleistet. Die rohen Abfallstoffe lassen sich zusammenfassen, es entsteht ein kleiner Organismus. Die Abdeckung kann mit Erde, Stroh, Kartoffelkraut, Reisigmaterial, Rindenkompost und anderem mehr vorgenommen werden.
Nicht selten zeigt die Vogelwelt den fortgeschrittenen Rotteablauf und damit die Tätigkeit der Würmer in den sorgfältig zubereiteten Mieten an. Die Folgen sind unerfreulich, der Haufen wird sehr schnell eingeebnet. Ist das zu befürchten, müssen die Anlagen von Anfang an mit einem Maschendraht abgedeckt werden.
Die Kompostmiete soll gute, nährstoffreiche Erde, aber keine Früchte zum Verzehr hervorbringen. Dies betrifft die Gepflogenheit, Kürbis auf den Haufen zu kultivieren. Dem liegt die Ansicht zugrunde, daß dem Rotteprozeß damit nicht geschadet werden kann und die entzogenen Nährstoffe sich anderweitig, d.h. mit Hilfe zugekaufter Dünger, ersetzen lassen. Dieser Gesichtspunkt widerspricht jeder vernünftigen Gartenpraxis. Möchte der Hausgärtner dennoch auf diese liebgewordene Gewohnheit nicht verzichten, dann können ggf.

Der Rotteprozeß ist hier nur unvollständig abgelaufen, deshalb müssen die unzersetzten groben Anteile nochmals ausgesiebt und weiterkompostiert werden.

einige Kürbispflanzen am Fuß der Miete in das Erdreich gesetzt werden. Sie versorgen sich dann aus dem nahrhaften Untergrund (Sickersaft) und ranken die Miete hinauf.

Umsetzen

Die Frage des Umsetzens der Komposthaufen stellt sich nur im Garten. Alle Starkzehrer wie Kartoffeln oder Kohlarten lieben den Dünger »in voller Kraft«, d. h. der Mist oder Kompost sollte lediglich stark angerottet sein.
Dagegen ist bei Neuansaaten und im Kleingewächshaus sehr schnell mit Schäden an den verschiedenen Kulturen durch nur angerottetes Material zu rechnen. Deshalb ist die Verwendung von reifem Kompost unumgänglich, was sich nur durch Umsetzen erreichen läßt. Das geschieht in der Regel vier bis sechs Wochen nach Fertigstellung der Miete. Dabei ist auf eine erneute, gute Durchmischung der Substanzen zu achten. Die äußere Schicht wird nach innen gebracht und umgekehrt. Sofern erforderlich, lassen sich dabei Feuchtigkeit und Temperatur durch entsprechende Beigaben nochmals regulieren. Die neuerliche Zugabe von Rottelenkern ist immer möglich, die sorgfältige Abdeckung wird man nicht vergessen.

Bedingungen für die Kompostierung

Temperatur

Nach Fertigstellung der Miete setzt als Folge der lebhaften, mikrobiellen Tätigkeit eine starke Wärmeentwicklung ein. Sie kann in den ersten Tagen 55 bis 60 °C erreichen oder gar darüber liegen, sinkt dann aber nach einer Woche ab und geht auch in den Sommermonaten auf Werte zurück, die nur wenig über denjenigen der Außentemperatur liegen. In vielen Gärten wird sich die Entwicklung so darstellen und zu keiner Sorge Anlaß geben.

Bei der Verwendung von tierischen Düngern, insbesondere Pferde- oder Schafmist, besteht immer die Gefahr einer verstärkten Wärmebildung, die als Alarmsignal zu betrachten ist. Die organischen Substanzen werden sonst vorzeitig und unnütz »verbrannt«. Die Miete fällt innerhalb weniger Tage in sich zusammen und besitzt dann nur noch die Hälfte ihrer anfänglichen Höhe. Tierische Dünger werden sich bei gründlicher Mischung mit Erde, Abfallsubstanzen, Rasenschnitt und anderem nicht so leicht erhitzen, die Temperaturen bleiben ausgeglichener.

Bei hoher Temperatur ist der Wassergehalt zu überprüfen, gegebenenfalls erweist sich kräftiges Befeuchten als notwendig.

Starke Hitzeentwicklung ist auch auf zu viel Sauerstoff in der Miete zurückzuführen. Das Material ist sogleich festzutreten und gründlicher abzudecken.

Aber auch das Gegenteil ist im Garten immer wieder zu beobachten: Der Komposthaufen erwärmt sich zu langsam. Ungenügende Temperaturen können von zu starken Erdbeimengungen in Verbindung mit viel kohlenstoffhaltigem, verholztem Material kommen. Hier ist die Zugabe von eiweißreichen Stoffen oder tierischem Dung notwendig.

Mieten-Thermometer.

Ist derartiges nicht zu beschaffen, läßt sich die Wärmeentwicklung folgendermaßen anregen: 300 bis 400 g Zucker und ein Würfel Backhefe in 10 Liter Wasser bei 40 °C lösen und den Ansatz mit der Gießkanne (Brause) während des Aufsetzens gleichmäßig verteilen. Die Menge ist für 0,5 bis 1 m^3 ausreichend.

Die Temperaturhöhe hat jedoch noch einen entscheidenden Einfluß auf den Unkrautbesatz und die hygienische Unbedenklichkeit des Materials. Dies soll noch zum Gegenstand einer späteren Darstellung werden.

Wassergehalt

Die Rottevorgänge laufen am erfolgreichsten bei einem Feuchtigkeitsgehalt von 45 bis 60 % ab. Die Kleinlebewesen finden dann die besten Lebensbedingungen vor. Steigt jedoch der Wassergehalt

Ein völlig verunglückter Kompost. Trockenheit und zu hohe Temperaturen haben den erwünschten Rotteablauf verhindert.

Rechte Seite: In Gebieten mit hohen Niederschlägen kann eine Belüftungsröhre aus Ton die Rotte fördern, in niederschlagsarmen Gegenden durch zu starke Austrocknung gehemmt werden.

bis zu 80 % an, wird der notwendige Sauerstoff verdrängt und die aerobe Zersetzung schlägt in eine anaerobe (ohne Luft) um. Dabei kann kein Humus entstehen. Auf der anderen Seite kommt bei 15 bis 20 % Feuchtigkeitkeit das Bakterienleben zum Erliegen. Bei 20 % Feuchtigkeit erscheint das Material trokken, bei 40 % ist es noch krümelig, über 65 % wird es naß, schmierig und unansehnlich.
Wie lassen sich Fehlentwicklungen erkennen und korrigieren bzw. ein Übermaß von Nässe oder Trockenheit von Anfang an vermeiden?
Die zu große Trockenheit in der Miete ist relativ schnell an einer grauen Schimmelbildung unter der Oberfläche zu bemerken. Die Schicht kann 10 bis 25 cm stark sein. Oberflächliches Bewässern bewirkt wenig, da das zugeführte Wasser die Miete durchdringt, ohne vom Material aufgenommen zu werden. Vielmehr ist das Umsetzen des Haufens mit gleichzeitiger Durchfeuchtung und/oder dem Einarbeiten von wasserhaltigem, frischen Abfall erforderlich.
Zu große Nässe erzeugt eine schwarze, stinkende Zone im »Kern« der Miete. Auch hier muß umgesetzt, jedoch trokkenes Material eingebracht werden.
Es gibt im Voralpenland oder in Küstennähe Bereiche, in denen im Jahresmittel 1200 mm Niederschläge und mehr fallen. Dort wird es schwer sein, die notwendige Trockenheit und Wärme zu halten. Deshalb bietet sich an, die Mieten spitz auslaufen zu lassen und besonders sorgfältig abzudecken oder die ganze Miete unter ein Dach zu stellen.

Sauerstoff

Die Rottevorgänge müssen kontrolliert und aerob, also unter Luftzutritt und nicht anaerob vonstatten gehen. Dies ist nur möglich mit Hilfe bestimmter Mikroorganismen, denen deshalb bei allen Bodenprozessen eine besondere Bedeutung zukommt. Dabei muß zwischen Aerobiern und Anaerobiern unterschieden werden. Erstere brauchen Sauerstoff zum Leben, wie der Mensch, das Tier oder die Pflanze, und scheiden Kohlensäure und Wasser ab. Aus dem Abbau von Kohlenstoffverbindungen gewinnen sie ihre Energien.
Die Anaerobier benötigen dagegen keinen Sauerstoff zum Leben. Ihre Stoffwechselprodukte sind Methan, Schwefelwasserstoff, Ammoniak und viele mehr, also übelriechende Verbindungen, die bei den Aerobiern niemals vorkommen. Der menschliche Geruchssinn kann deshalb schon einen fehlgeleiteten Rotteablauf wahrnehmen. Stinkende

Substanzen dürfen nicht entstehen, denn sie bekommen weder einem Lebewesen, noch sind sie der Bodenentwicklung zuträglich, da die meisten Krankheitserreger in einem derartigen Milieu gedeihen.
Ist jedoch das beständige Einatmen von Luftsauerstoff und das Ausatmen von Kohlensäure gewährleistet, indem diese Gase jeden Teil der Miete erreichen bzw. von dort wieder entweichen können, werden die unerwünschten Anaerobier von den Aerobiern verdrängt. Dies läßt sich besonders am Anfang der Kompostarbeit mit eiweißreichem Material aus Küche und Garten, aber auch mit Obsttrester, nicht immer befriedigend erreichen. Deshalb muß das organische Material mit Hacke und Beil bzw. einem Häcksler derart aufgearbeitet werden, daß noch genug sperriger Abfall für den Luftzutritt sorgen kann.
Dazu sind die mineralischen Zuschläge niemals in Schichten oder Lagen einzubringen, sondern müssen von Anfang an mit dem Ausgangsmaterial kräftig durchmischt werden. Eine Ausnahme bildet lediglich der Torf. Darüber hinaus bieten sich noch weitere, jedoch unterschiedlich zu bewertende Vorgehensweisen an, die die Bildung eines schmierigen und unverrotteten Kerns in der Mitte einer Miete vermeiden. Gemeint ist das Einlegen von Brettern und Drainagerohren zum Zwecke der besseren Durchlüftung des Kompostmaterials.
Ein derartiger Lüftungsstrang läßt sich in Hausgärten und bei kleinen Mieten gut verwenden. Der Gartenfreund wird damit umzugehen wissen und sich beim Ausbringen der fertigen Erden an den Rohren nicht stören.
In heißen Sommermonaten besteht die Gefahr, daß die kleine Miete, infolge der Luftbewegung in dem Kanal, bis »in das Herz« hinein austrocknet. Die Öffnungen müssen deshalb rechtzeitig verschlossen werden.
Spezialkomposte aus Massentierhaltungen (Hühner) oder Großstadtmüll be-

Biologisch-dynamische Kompostpräparate begünstigen auch das Wurzelwachstum, hier im Gefäßversuch bei Buschbohnen. Links Zugabe belüfteter Rindergülle ohne, rechts mit solchen Präparaten.

dürfen einer zusätzlichen Belüftung. Dies wird in der Regel durch das Einbringen von vertikalen oder schräg liegenden Belüftungsrohren bzw. -schächten erreicht, um so die notwendige Sauerstoffzufuhr zu gewährleisten.

Rottelenker und Impfmittel

Außer den beschriebenen Zuschlägen können auch Substanzen verwandt werden, die den Rotteprozeß beschleunigen und unerwünschter Fäulnis entgegenwirken. Zu Recht werden sie deshalb Rotteförderer oder Rottelenker genannt. Im konventionellen Gartenbau kann dies durch Zugabe von Kalkstickstoff geschehen, der das C-N-Verhältnis verengt und so zur schnelleren Rotte führt. Für den biologischen Anbau bestehen diese Mittel meist aus intensiv präparierten und stark belebten Komposten und Spezialerden, die getrocknet, pulverisiert und mit Pilzgeflechten sowie Nährstoffen für Mikroorganismen versetzt werden.
Demzufolge sind in diesen organischen Substanzen Mikroorganismen, Enzyme und Wuchsstoffe fast immer enthalten, wenn dies auch die Hersteller nicht ausdrücklich aufführen. Die Präparate sind als Granulat, flüssig, flockenförmig oder in Pastenform im Handel, wobei das Kompostmaterial nach Mengenangabe des jeweiligen Herstellers mit dem Rottelenker bestreut, übergossen oder vermischt wird. Eine qualitative Verbesserung der Erden ist allerdings nicht zu erwarten, da ohnehin stattfindende Abbauvorgänge eine Beschleunigung erfahren. Ähnliche Ergebnisse lassen sich erzielen, indem man die neue Kompostmiete beim Aufsetzen mit bereits reifem Kompost »impft«.
Ganz anders ist das bei den biologisch-dynamischen Präparaten, die den Kompost, kraft ihrer strahlenden Wirkung, durchdringen und verbessern können. Sie lassen sich nicht in ein solches Schema einordnen und fallen aus diesem Grunde aus dem aufgezeigten Rahmen heraus.
Die Präparate werden heute nach Angaben von Dr. Rudolf Steiner hergestellt. Sie gehören zum festen Bestandteil der biologisch-dynamischen Arbeit.

Als Ausgangssubstanzen dienen
- Blüten der Schafgarbe *(Achillea millefolium)*,
- Blüten der Kamille *(Chamomilla recutita)*,
- ganze Brennesseln *(Urtica dioica)* vor der Blüte,
- Eichenrinde *(Quercus robur)*,
- Blüten des Löwenzahns *(Taraxacum officinale)*,
- Blüten des Baldrians *(Valeriana officinalis)*.

Die Substanzen werden unter anderem in tierischen Hüllen einem besonderen Umwandlungsprozeß ausgesetzt. Was bewirken die Präparate in den Mist- und Komposthaufen, und was läßt sich an den Vorgängen unmittelbar erleben?
In der Anfangsphase erhitzen sich die Materialien nicht so stark bzw. die hohen Temperaturen fallen schneller ab.
Viele Abfallstoffe riechen zunächst unangenehm. Nach der Präparation verschwinden die unliebsamen Gerüche in relativ kurzer Zeit.

Einfache Rundfilterchromatogramme können pflanzliche Umwandlungsprozesse sichtbar machen. In der Mitte das Ergebnis aus einer frischen Löwenzahnblüte, unten das aus dem fermentierten Präparat.

Das Leben im Komposthaufen wird deutlich angeregt. Zwischen einzelnen Präparaten und Organismen besteht dabei eine Beziehung (z. B. Baldrian und Mistwurm).
Die Stoffumwandlung und Humusbildung geht, bei geringeren Verlusten, schneller vonstatten. Auch bei wenig Übung und mangelnder Erfahrung läßt sich innerhalb eines Jahres ausgereiftes Material gewinnen.
Eine Verbesserung des Stoffumsatzes kann immer wieder beobachtet werden. Die Substanzen – handelt es sich nun um Mist- und Kompostvererdung oder Jauche – regen nach der Ausbringung in besonderem Maße das Wurzelwachstum der Pflanzen an. Die Wurzeln entwickeln sich kräftiger und dringen tiefer in das Erdreich ein.
Die Wirkensweise der Kräuter- bzw. Pflanzenpräparate läßt sich zwar bei jeder Kompostmiete beobachten, jedoch gedanklich schwer erfassen. Die naturwissenschaftliche Schulung des modernen Menschen zeigt die notwendigen Querverbindungen nicht auf, welche zum Verstehen der Substanzverwandlung hinführen können. Vielleicht läßt ein Blick auf die Brennessel manches deutlicher werden.
Die Brennessel wächst oft in großen Mengen in der Nähe von Gehöften und Siedlungen, auf Schutthalden und Abfallplätzen. Dank ihres weitverzweigten und kräftigen Wurzelwachstums ist sie in der Lage, rohe organische Massen in wohlriechende, krümelige und schwarze Humusstoffe umzuwandeln. Brennesselbrühen und -Jauchen fördern außerdem das Pflanzenwachstum und die Bildung des Blattgrüns. In der Naturheilkunde

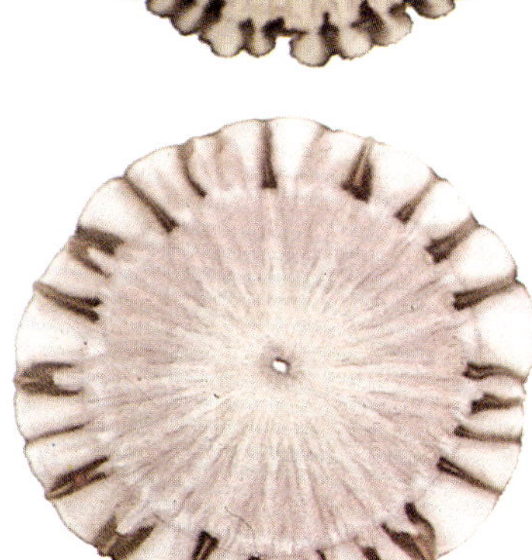

Rottelenker und Impfmittel – eine Auswahl

Bezeichnung	Inhaltsstoffe	Verwendungszweck
Alginure Kompostaufbereiter	Hochquellfähiger Bakteriennährboden	Abfälle aller Art
Bio-Komposter	Konzentrat aus Bodenorganismen	Für Komposte aller Art
Cohrs Kompoststarter	Gärfermente aus organischen Substanzen. Spurenelemente	Für Abfälle aus Küche und Garten, Stallmist
Eokomit	Bodenorganismen und Stickstoffbinder	Für Mieten und Flächenkompostierung
Fix-Komposter	Auf organischer Basis	Abfälle aller Art
Humofix	5 Heilkräuter, Honig und Milchzucker	Für Hausabfälle, Stroh, Laub und anderes mehr
Oscorna Kompostbeschleuniger	Organischer Stickstoff, Kräuterpulver–Auszüge, Tonmehl	Für Komposte aller Art
Symbioflor Humusferment	Physiologische Bodenbakterien und Heilpflanzensubstanzen	Komposte aller Art

Die Aufstellung bringt eine Auswahl der gängigsten Rottelenker bzw. Impfmittel und erhebt keinen Anspruch auf Vollständigkeit.

Aufwandsmenge	Hersteller
Mit mindestens 3 Teilen Wasser verrühren und einbringen	Tilco-Biochemie Kupferstraße 36 7000 Stuttgart 80
Nach Gebrauchsanweisung	Neudorff GmbH KG Postfach 1209 3254 Emmertal 1
1 Packung für 3–5 m^3, einstreuen	Cohrs GmbH Postfach 1165 2720 Rotenburg/Wümme
In 50 cm Abständen 0,5 l Aufschwemmung einbringen	Dr. L. Holzinger 1140 Wien und 8210 Prien/Chiemsee
1 l/1–1,5 m^3 Kompost	Detia, Chem. Fabrik Postfach 9 6947 Laudenbach
1–2 cm^3 mit 0,5 l Wasser ansetzen und nach Gebrauchsanweisung anwenden	Abtei Fulda Postfach 126 6400 Fulda
Schichtweise in den Kompost einstreuen nach Gebrauchsanweisung	Oscorna-Dünger GmbH Postfach 4267 7900 Ulm
10–20 l Impflösung je m^3 Kompost	Mikrobiologisches Laboratorium 6348 Herborn

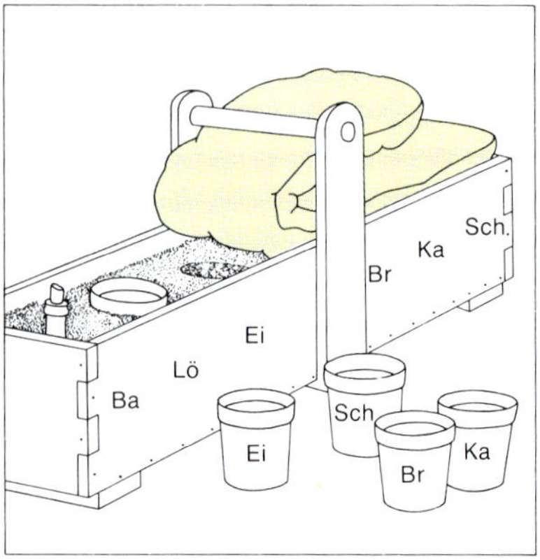

So werden die biologisch-dynamischen Kompostpräparate aufbewahrt (oben) und in die Mieten eingebracht (unten).

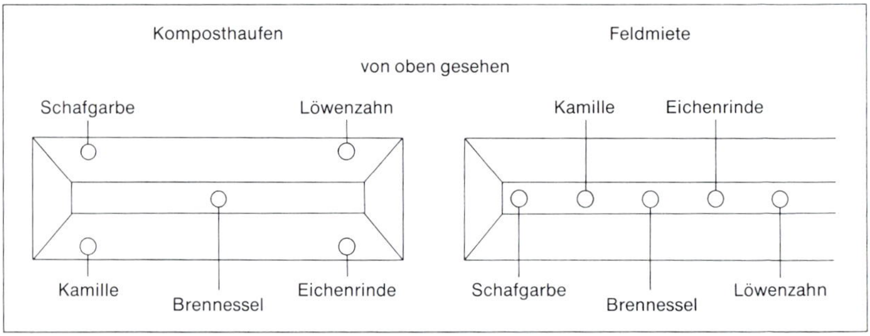

kann diese Staude als Heilkraut verwandt werden.
Zur Präparategewinnung wird die Brennessel vor der Blüte geschnitten und leicht angewelkt in einem fruchtbaren Gartenland vergraben. Eine umhüllende Torfschicht sorgt dabei für eine gewisse Isolierung. Innerhalb eines Jahres verwandelt sich die Pflanze zu einer Substanz mit »außerordentlich strahlender Kraft« (R. Steiner 1924). In Ton- oder Steingutgefäßen aufbewahrt und mit Torfkissen isoliert, hält die Wirkung etwa zwei Jahre an. Für eine Miete von 3 bis 5 m^3 reicht bereits eine Menge von einem Kaffelöffel voll des fertigen Präparates aus. Es handelt sich hier um Wirkungen, die von ganz geringen Substanzmengen ausgehen, wie sie vergleichsweise bei Spurenelementen, Vitaminen, Hormonen, Enzymen oder Katalysatoren bekannt sind, die auch nur in winzigen Mengen gebraucht werden.
Um den wissenschaftlichen Nachweis der biologisch-dynamischen Kompostpräparate ist man seit mehr als 50 Jahren bemüht und die verschiedensten Veröffentlichungen zu diesem Fragekomplex liegen vor.
Die Beigabe der Präparate erfolgt in der bereits angegebenen Menge möglichst schon während des Aufsetzens. Nach Fertigstellung der Miete läßt sich der Vorgang nachholen, indem mit einem zugespitzten Stock (z.B. Tomatenpflock) im Abstand von 1,5 bis 2 Metern etwa 0,50 m tiefe Löcher gestoßen und die Präparate einzeln hineingegeben werden. Beim Schließen der Öffnungen ist darauf zu achten, daß dieselben gut von den Abfallstoffen abgedichtet sind. Den Baldrian Extrakt, 2 bis 3 cm^3 auf 5 l Wasser 10 Minuten verrührt, sprüht man vor dem Abdecken über die ganze Miete. Diese Maßnahme kann vor dem Ausbringen wiederholt werden.

Ablauf der Kompostierung

Die aufgesetzten tierischen Dünger, Garten- und Küchenabfälle unterliegen bestimmten Umwandlungsprozessen, die es bei jeder Miete aufs Neue zu beachten gilt. In der Zeit vom Frühjahr bis zum Sommer geht die Umsetzung in den Mieten am schnellsten vonstatten. Wärme, Licht und Luft wirken kräftig ein, das Leben kann sich voller Regsamkeit entfalten. Sie läßt sich auch in der Zeit vom Sommer bis zum Herbst hin fördern, wenn die Haufen gut abgedeckt und vor Austrocknung geschützt sind.
Nicht so ist es im Winterhalbjahr. In dieser Jahreszeit kommen die Lebensvorgänge und damit die Rotte, je nach Witterungsablauf und Kältegraden, relativ bald zum Erliegen. Der im Herbst zubereitete Gartenkompost wird deshalb erst im folgenden Frühjahr bei einsetzender Wärme umgesetzt.
Bei tierischen Düngern, besonders wenn es sich um Pferdemist handelt, muß das nicht sein. Hier halten sich auch in den Wintermonaten die Temperaturen länger, die Rottevorgänge kommen nicht so rasch zum Erliegen und der Reifeprozeß des Kompostes erreicht im Frühjahr genau den Grad, der für die Ausbringung im Kartoffelacker am geeignetsten ist.

Entwicklungsphasen

Bockemühl (1979) hat die Rottevorgänge in langjähriger Arbeit untersucht und in Entwicklungsphasen aufgegliedert. Als Untersuchungsmaterial diente dabei frischer Rindermist, der in verschiedener Art, locker oder gestampft, gewässert oder unbenetzt sowie mit und ohne Torfbeigaben, aufgesetzt wurde. Als Zuschlag stand bei allen Varianten 10 % gute Komposterde zur Verfügung. Einen Teil der Aufgabenstellung bildete dabei die Frage, welchen Einfluß die biologisch-dynamischen Kompostpräparate auf die Umwandlungsvorgänge haben. Da sich nur in den Sommermonaten vergleichbare Ergebnisse erwarten lassen, sei hier die Versuchsreihe vom April bis Oktober 1967 näher betrachtet und die Beobachtungen dargestellt.

Erste Phase

Die Mieten erwärmen sich infolge der mikrobiellen Prozesse in den ersten Tagen stark, wodurch die verschiedenartigen Substanzen rasch ihren ursprünglichen Charakter verlieren.
Die Mieten mit dichter und feuchter Lagerung weisen im Durchschnitt den niedrigsten maximalen Temperaturverlauf auf.
Die luftig und trocken aufgesetzten Haufen zeigen anfangs die höchste, später die niedrigste Temperatur an.
Die biologisch-dynamischen Kompostpräparate wirken sich ausgleichend auf die Wärmeentwicklung aus.

Zweite Phase

Sie »ist die Phase des wuchernden Lebens im Austausch mit der Luft«. Zahlreiche, grau-schwärzliche Hutpilze sprießen überall empor und stellen sich dem übermäßigen Bakterienleben entgegen. Dabei weist die auftretende Kohlensäure auf die Zersetzung und Verarbeitung organischen Materials hin. Nach 3 bis 4 Wochen werden Maximalwerte

Aus einem Kompostversuch: der Temperaturverlauf, das Auftreten von Hutpilzen und Regenwürmern sowie die 4 Kompostierungsphasen.

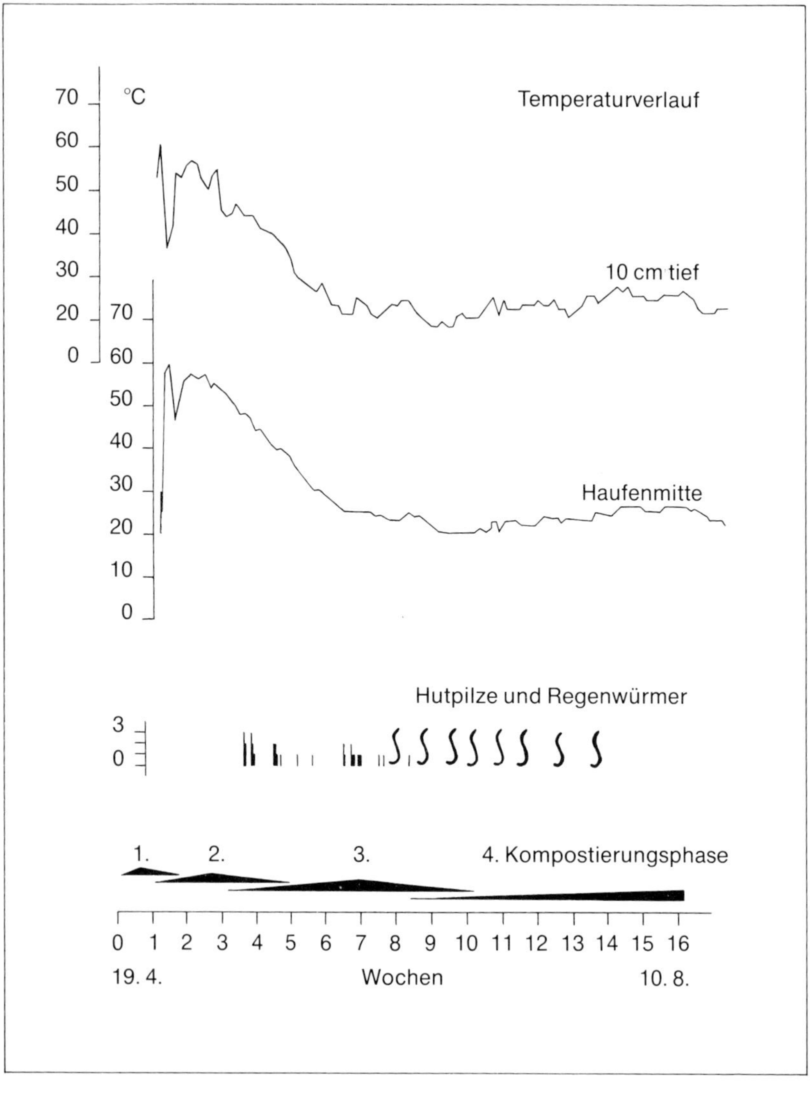

Übersicht über den Verlauf des Rotteprozesses in Stallmistkomposten (Bockemühl 1979)

1. Phase Erwärmung	2. Phase Luft-Aktivität	3. Phase Fließende Verwandlung
Mittlere Anfangs-Erhitzung, einheitliche Durchgestaltung in Wärme. Auflösen von selbständigen Lebenskeimen höherer Organismen.	Innere Gasentfaltung. Beziehung zum Luftraum der Umgebung. Zunahme mikrobiellen Wachstums. Übergang zum Pilzwachstum.	Fortschreitende Verwandlung der inneren Verhältnisse. Auftreten einzelner, einfach gestalteter Kleintierarten in Massenvermehrung, die einander folgen und das wuchernde mikrobielle Pilzwachstum eindämmen.

4. Phase Innere Gestaltung	Übergang in Boden bei Verwendung als Dünger
Hier findet das Differenzieren, Stabilisieren und Individualisieren der Substanzen statt. Viele sehr verschieden gestaltete Kleintierarten in geringen Individuenzahlen zeigen die vielfältige innere Organisation des nun auch in den festen Substanzen ganzheitlich gestalteten Haufens an. Zahlreiche Regenwürmer sind aufgetreten und haben eine innige Verbindung mit der Erde herbeigeführt. Im Zusammenhang mit einer grauen bis schwärzlichen Färbung spricht das engere C-N-Verhältnis für eine stabile, gute Humusbildung.	Wenn die Prozesse harmonisch verlaufen sind, vollzieht sich von hier aus ein langsamer Übergang in einen lebendigen, gut strukturierten Boden

Links: Kompostabdeckung mit Rohrmatten. Unten: Räumliche Verteilung von Kleintieren in Kompost und Boden. Regenwurm etwa in nat. Größe. Atmobios = Gesamtheit der über der Erdoberfläche lebenden Organismen, Hemiedaphon = Kleinlebewelt der obersten Bodenschicht und Streu, Euedaphon = Kleinlebewelt der Schicht darunter.

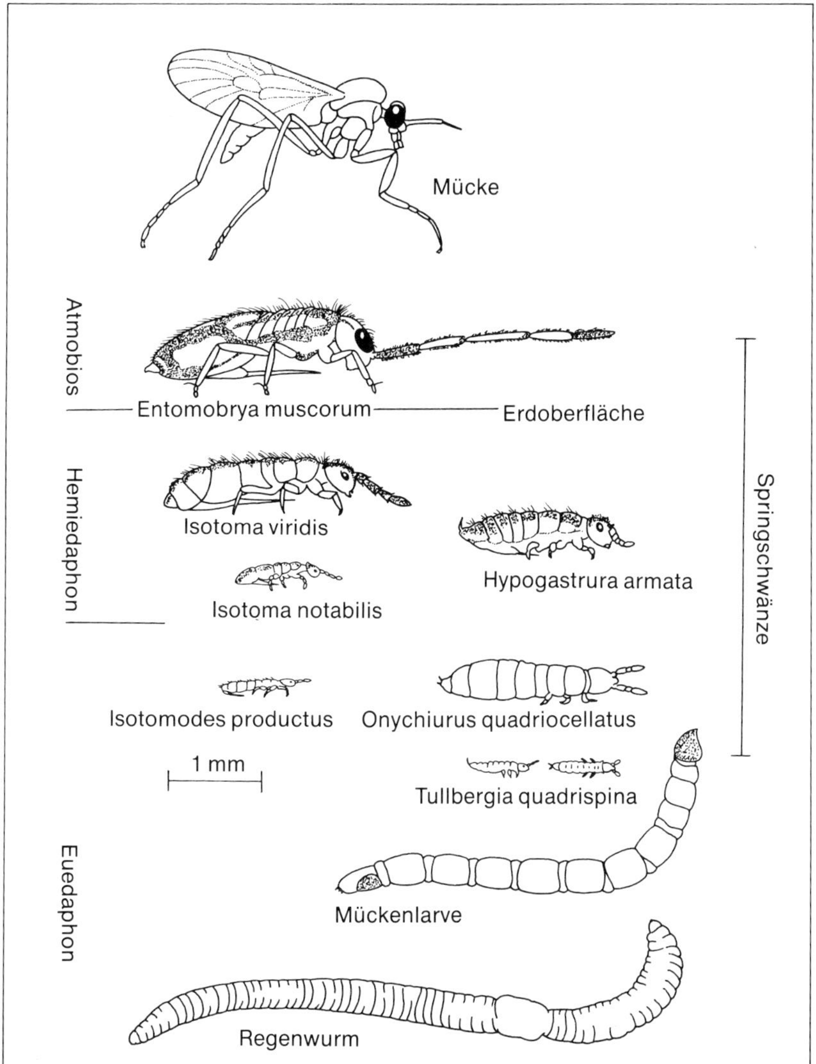

erreicht und sinken dann rasch auf ein niedriges, relativ konstantes Niveau ab. Freiwerdendes Ammoniak zeugt von Umwandlungsvorgängen im eiweißreichen Material. Das Maximum stellt sich nach 2 bis 3 Wochen ein, um nach 6 bis 7 Wochen wieder abzufallen.
In der abklingenden Pilzphase zeigt sich außerdem, daß die erwünschte Nitratbildung nach etwa 5 Wochen einsetzt und der organisch gebundene Stickstoff bis zur 8. Woche deutlich ansteigt und teilweise bis zum Versuchsende anhält. Das C-N-Verhältnis wird bis zur 5. Woche sichtlich enger und bleibt dann annähernd konstant.

Dritte Phase

In ihr wird das lebendig Wuchernde vollends umgestaltet, der Humusaufbau beginnt. Es tauchen die verschiedensten Tierarten nacheinander in einer Folge massenhafter Vermehrung auf und gehen wieder zurück, ohne oftmals ganz zu verschwinden. Der rote Mistwurm *(Eisenia foetida)* erscheint relativ spät, prägt dann aber um so deutlicher den weiteren Ablauf dieses Abschnitts.

Vierte Phase und Abschluß

»Hier wird eine Gliederung und Stabilisierung im festen Element erreicht.« Das mannigfaltige Kleintierleben tritt in spezialisierten Arten, jedoch in geringer Individuenzahl auf. Je nach Witterungsablauf ist der Humusaufbau früher oder später abgeschlossen. Eine angenehm nach Walderde duftende, locker-krümelige Substanz ist in kurzer Zeit entstanden und kann im Garten verwandt werden.

Verteilung der Springschwänze

Bei den Springschwänzen (Collembolen) handelt es sich um primär flügellose Insekten, die im Komposthaufen überall anzutreffen sind und deshalb zur Beurteilung der Umsetzungsvorgänge herangezogen werden können. Dabei finden sich in den oberen Schichten der Mieten mehr 'insektenartige' Formen, welche eine deutliche Beziehung zum Luftraum haben.
Die Formarten in der Mitte der Haufen zeigen geringe Beziehungen zum Licht und sind weniger differenziert.
Die Besiedlung in der Tiefe der Mieten erfolgt durch farblose, oft blinde, weitgehend »wurmartige« Formen.
Im Vergleich bewirken die biologisch-dynamischen Kompostpräparate in den beiden letzten Phasen eine konstante Besiedlung durch die Collembolen. Der Temperaturverlauf und die Bildung des organisch gebundenen Stickstoffs ist ausgeglichener, die Verengung des C-N-Verhältnisses verläuft im ganzen Rotteablauf konstanter. Am Schluß ist ein etwa 7 % geringerer Substanzverlust das Ergebnis.

Krankheitserreger und Unkraut

Die bisherigen Darstellungen haben gezeigt, daß in der ersten Rottephase, besonders bei tierischen Düngern, die Temperaturen für kurze Zeit sehr hoch sein können, dann aber möglichst rasch wieder zurückgehen sollten. Die zweite »Phase des wuchernden Lebens« ist gekennzeichnet durch das Auftreten von

Hutpilzen an der Oberfläche und der Entwicklung eines kräftigen Pilzgeflechts im oberen Bereich der Miete.

Im gärtnerischen Anbau schließt sich die Frage an, ob die hohen Temperaturen die Unkrautsamen abtöten können. Hingegen muß der Tierhygieniker prüfen, ob die Krankheitskeime in den Mieten noch überleben, besonders wenn die Dünger Schweinemist oder Müll enthalten.

Für derartige Untersuchungen erwies sich der Milzbrand *(Bacillus anthracis)* als ein interessantes, wenn auch höchst gefährliches Objekt. Derselbe kann im Erdboden in Sporenform 70 Jahre überdauern und verliert auch bei Temperaturen von 180 °C nicht gleich seine volle Virulenz (Ansteckungskraft). Zu Versuchszwecken wurde dieser Bazillus einmal direkt in das Kompostmaterial eingebracht, zum anderen in Glasampullen eingeschmolzen und ebenfalls in die Miete eingelegt. Nach Knoll (1965) ergab sich, daß bei einem Wassergehalt von 40 bis 60 % und einer aeroben, luftliebenden Rotte der Milzbrandbazillus im Kompost direkt nach 17 Tagen, in der Glasampulle nach 28 Tagen nicht mehr nachweisbar war.

Das überraschende Ergebnis läßt den Schluß zu, daß die Temperatur in der Miete nicht allein ausschlaggebend ist. Es müssen noch andere Faktoren bei der Zerstörung von Krankheitskeimen eine Rolle spielen. Diese sind im Wirkungsbereich der Actinomyceten (Strahlenpilze) und anderer Mikroorganismen zu suchen.

Es wurde in diesen Zusammenhängen – aber auch bei Fragen der Tierfütterung – immer wieder festgestellt, daß Pilze sowie bestimmte Bakterien antibiotische Stoffwechselprodukte erzeugen, die entscheidend zu einem »biologischen Selbstreinigungseffekt« beitragen. Derartige Hemmstoffe, die an der Oberfläche besonders stark vertreten sind, können im Laborversuch isoliert und eindeutig nachgewiesen werden. Zur besseren Unterscheidung weist Knoll noch auf folgende Temperaturbereiche

Temperaturen bei mikrobiellen Rottevorgängen (nach Knoll 1968, verändert)

Temperaturzone	Rottezone	Hygienische Güteklasse
I unter 45 °C	Kaltrotte	Volle Virulenz, keine Entseuchung
II 45–55 °C	Mittlere Temperatur	Biochemische Entseuchung
III 55–65 °C	Mittlere Temperatur	Biophysikalische Entseuchung
IV 65–80 °C	Heißrotte	Thermische Desinfektion

hin, die zudem noch das Wechselspiel zwischen Wärme und Antibiose deutlich machen.
Ist also im ersten Temperaturbereich keine Keimfreiheit gewährleistet, so reichen in der vierten Zone die hohen Temperaturen bereits aus. Allein bei II und III kommen zu der jeweiligen Wärme die antibiotischen Hemmstoffe hinzu, welche gemeinsam eine schnelle Beseitigung der Krankheitskeime bewirken.
Die Probleme der Tiermedizin und -Hygiene berühren den Gärtner nur in den seltensten Fällen, sie können lediglich manche Vorgänge durchschaubar machen. Im Garten stellt sich viel eher die Frage nach der Übertragbarkeit von Pflanzenkrankheiten, z.B. der häufig auftretenden Kohlhernie. Es ist eine gefährliche Pilzkrankheit aller Kohlgewächse, die vom Boden her in die Wurzeln eindringt, zu klumpig-verdichteten Auftreibungen führt und nach dem Zerfall die Sporen wieder in den Boden – oder das Kompostmaterial – entläßt.
Die Fragestellung darf jedoch nicht auf den Pilzbefall beschränkt bleiben. Viren, Bakterien und tierische Schädlinge sind in ihren Auswirkungen nicht weniger unangenehm. Schließlich sind es noch die Unkrautsamen, die infolge einer unsachgemäßen Kompostwirtschaft zur Gefahr für den Garten werden können. Diese Fragen sind bisher wenig oder noch gar nicht untersucht worden und auch die gärtnerische Praxis vermag hier nur Hinweise zu geben.

Pflanzenschädigende Viren

Sie treten bei vielen Gartengewächsen auf, wobei der Mosaik-Virus nicht nur bei Bohnen, Blumenkohl, Gurken, Salat oder Zwiebeln bekannt ist. Die Mehrzahl der Viren ist zu empfindlich, um im Boden längere Zeit zu überdauern oder gar den Kompostierungsprozeß zu überstehen. Eine Ausnahme bildet allerdings der Tabak-Virus (TRV), der auch hohen Temperaturen widersteht und den Durchlauf in einem Rotteturm unbeschadet überstanden hat.

Bakterienkrankheiten

Von ihnen wird unter anderem der Salat (Bakterielle Salatfäule), die Kartoffel (Bakterienfäule, Schwarzbeinigkeit) oder die Kohlarten (Schwarzbeinigkeit des Kohls) befallen. Da die pflanzenschädigenden Bakterien keine Dauerorgane bilden können, ist anzunehmen, daß sie die üblichen Rottetemperaturen in den Dünger- und Kompostmieten nicht überstehen.

Schadpilze

An erster Stelle ist die Kohlhernie zu nennen. Aber auch die Umfallkrankheiten vieler Kohlarten, Falscher Mehltau, Sklerotinia-Salatfäule, Bohnenrost und andere bilden widerstandsfähige Dauersporen und bleiben noch nach dem Rotteprozeß lebensfähig.

Tierische Schädlinge

Insbesonders die Wurzelgallen-Nematoden, welche bei vielen Gemüsearten vorkommen, wurden von Menke (1971) im Durchgang durch den Rotteturm untersucht. Sie überlebten die normalen Temperaturen in keinem Fall.

Der handliche Elektro-Erdämpfer leistet bei Verpilzungs- und Unkrautgefahr gute Dienste (Einsatz hier hochgezogen).

Neben dem Unkraut lassen sich auf diese Weise auch alle anderen Pilze, Viren oder Bakterien abtöten, so daß dem Gartenfreund dadurch völlig einwandfreies Erdmaterial zur Verfügung steht.

Unkräuter

Im Gartenbau wird immer wieder die Meinung vertreten, daß die Komposterde kein Unkraut mehr enthalte. Das trifft leider nicht zu. Bei sachgemäßer Handhabung läßt sich der Besatz aber deutlich verringern.
Der Wassergehalt des Kompostmaterials spielt dabei eine wesentliche Rolle, denn der angefeuchtete Same veranlaßt die Zellen zu einer stärkeren Stoffwechseltätigkeit, was eine größere Empfindlichkeit zur Folge hat. Die Samen keimen früher und gehen schneller zugrunde. Weiter ist anzunehmen, daß ein Pilz- oder Bakterienbewuchs, vielleicht auch Hemmstoffe, sich schädigend auf die Lebenskraft der Samen auswirken. Außerdem kann die gründliche Durchmischung bei jedem Umsetzen und die nachfolgende erneute Erwärmung viel zum gewünschten Erfolg beitragen.
Wird eine völlig unkrautfreie Erde zur Saat und Anzucht im Gartenbau benötigt, dann ist die Anschaffung eines Elektro-Erddämpfers erforderlich. Sehr handlich ist eine Kastenform (z. B. »Stabilo«) in korrosionsfester Spezial-Leichtmetallegierung, die sich gut befüllen und entleeren läßt. Die notwendige Wärme wird durch Heizröhren erzeugt.

Wann ist ein Kompost reif?

Die Umsetzungsvorgänge in der Miete sind dann beendet, wenn die Substanz dunkel gefärbt, leicht krümelig ist und nach Walderde duftet. Dem Gärtner genügt dabei die Sinnesprüfung, um entscheiden zu können, zu welchen Kulturen sich die Komposterde verwenden läßt.
Diese Ausgangslage ist bei Spezialkomposten, zum Beispiel in der Müllverwertung, nicht immer gegeben. Man bedient sich deshalb gerne einer Schnellprüfung (Spohn 1981), um zu einem objektiven und nachvollziehbaren Ergebnis des Rotteablaufes zu kommen. Danach enthalten Reifkomposte, deren Umwandlung unter aeroben Bedingungen verlaufen ist, weder Sulfid noch Ammonium wie die sogenannten Frischkomposte, sondern Nitrat. Aber auch bei scheinbar abgeschlossener Rotte ist es möglich, daß durch Luftabschluß das ganze wieder in eine anaerobe Phase übergeht. Dabei entsteht Sulfid und Ammonium. Es kann zudem noch einen Zwischenzustand geben, bei dem Ammonium schon verschwunden, Nitrat aber noch nicht gebildet, sondern der Stickstoff in lebendem Eiweiß festgelegt ist. Diese Gegebenheit kann sogar für manche Erden (Pilzkulturen) sowie in der Jungtieraufzucht (sog. Ferkelerden) erwünscht sein. Die Prüfung ist hier recht einfach.

Sulfid-Test: Ein Löffel voll Probematerial wird in einem Becherglas mit 10 bis 20%-iger Salzsäure versetzt und an den Gefäßdeckel ein Streifen Bleiazetatpapier geheftet. Färbt sich das Papier dunkel, liegt Sulfid vor, die Probe ist also nicht aerob verrottet.
Stickstoff-Test: In die mit destilliertem Wasser gut angefeuchtete und durchgeknetete Kompostprobe wird je ein Prüfstäbchen Merckoquant 10024 für Ammonium und 10020 für Nitrat gesteckt. Nach etwa einer Minute können die Stäbchen entnommen, mit destilliertem Wasser abgespült und am Farbumschlag die Anwesenheit von Ammonium oder Nitrat abgelesen werden. Ebenso ist am Stäbchen 10020 zusätzlich eine Farbanzeige für Nitrit angebracht.

Kompost im Hausgarten – ein Erfahrungsbericht

(Dr. Kühnemann)

»Wenn sich das Gartenjahr dem Ende zuneigt, die Früchte eingetragen, genossen und versorgt, Beglückendes in die Erinnerung aufgenommen ist und Kümmernisse allmählich vergessen sind – dann werden in einem letzten großen Einsatz die wichtigen Arbeiten vollbracht: Das Ausbringen des Kompostes und das Aufsetzen eines neuen Haufens. Gleichsam in einem großartigen Schlußakkord, der alles zusammenfaßt und krönt, wozu wir uns zu einem guten Gedeihen verpflichtet sehen.
Das Aufsetzen des Komposthaufens ist eine Kunst, die erlernt sein will. Nicht immer strömt das Ergebnis den würzigen Duft von Walderde aus und ist von kraftvoller Lebendigkeit. Wir hatten unsere Schwierigkeiten mit der Dauer der Kompostierung, solange wir in der Hauptsache Rindermist aufsetzten. Je schwerer der Boden, desto langsamer läuft die Rotte. Bei unserem Lehmboden kamen wir trotz einer spatentiefen, ausgleichenden Sandschicht unter der Miete ohne Umsetzen zu keinem befriedigenden Ergebnis. Bei großen Haufen ein schönes Stück Arbeit und eine Platzfrage obendrein! Nach jahrelangen Versuchen entdeckten wir Obsttrester als das für unsere Verhältnisse geeignetste Ausgangsmaterial. Sie fallen in unserer Gegend, wo in jedem Dorf noch der Bauernmost aus besonderen Apfel- und Birnensorten gekeltert wird, reichlich und kostenlos an. Seitdem kommen wir innerhalb eines Jahresrhythmus ohne Umsetzung zu einem hervorragenden Kompost, der seine Qualität und problemlosen Rotteverlauf letzten Endes wohl auch dem ungewöhnlich hohen Regenwurmbesatz verdankt, der für die Trester-Kompostierung typisch ist.
Einiges ist zu beachten. Zunächst dürfen die Trester nicht aus Tafelobst oder gar Trauben bestehen, die in der Regel mit den chemischen Mitteln des konventionellen Anbaus versorgt worden sind. Mostobst wächst auf alten Hochstämmen, von denen im Herbst die unbehandelten Früchte geschüttelt und in Haus, Hof oder Kleinbetrieben verarbeitet werden.
Dann gilt es, die stark verdichteten Trester-Preßplatten zu zerkleinern, um ein luftdurchgängiges Material zum Aufsetzen zu erhalten. Unser erster Haufen, bei dem die Platten aus Bequemlichkeit und Gedankenlosigkeit einfach überein-

andergesetzt wurden, war wegen Sauerstoffmangels gänzlich in übelerregende Fäulnis übergegangen.
Wichtig ist auch die reichliche Zugabe eines Horn-Knochenmehl-Mischdüngers, denn Trester sind stickstoffarm. Ein genügend hoher Stickstoffgehalt im Ausgangsmaterial ist aber ausschlaggebend für eine beschleunigte Rotte und einen nährstoffreichen Kompost.
Ein Rest des Trester-Materials bleibt übrigens den Winter über liegen und wird, schon angerottet, im Frühjahr mit einem etwa gleichen Teil Pferdemist und den üblichen Zutaten zu einer kleineren Miete aufgesetzt. Sie wird nach einem Jahr als völlig ausgereifter Pflanz- und Saatrillen-Kompost verwendet. Ein im Frühjahr aufgesetzter Haufen kommt natürlich infolge der wärmeren Klimaverhältnisse besser in die Wärmeentwicklung der ersten Stufe der Rottevorgänge hinein und hat dadurch einen Vorsprung gegenüber der Herbstmiete.
Mit der Wärmeentwicklung haben wir auch bei kühler Herbstwitterung noch keinen Kummer gehabt. Wenn es frühzeitig kalt wird, wenden wir die Hefeimpfung an: je m^3 Kompostmaterial 300 bis 400 g Zucker und einen Würfel Backhefe in 10 l etwa 40 °C warmem Wasser lösen und diese Mischung während des Aufsetzens mit der Gießkanne (Brause) gleichmäßig verteilen. So haben auch zeitweilige Nachtfröste den Wärmeablauf nicht beeinflußt, nach einigen Tagen waren die gewünschten 50 °C in dem Material erreicht.
Mit Pferdemist als hauptsächlicher Ausgangssubstanz (ohne Trester) haben wir übrigens ebenfalls Versuche gemacht. Aber auch hier mußte der Haufen nach der üblichen Überprüfung des Rotteverlaufs im Frühjahr gelegentlich noch umgesetzt werden. Bei Pferdemist kommt es entscheidend auf das vorhandene Material an. Wurde Sägemehl eingestreut (Reithallen), können wir den Mist nur mit Vorsicht verwenden, da das im Sägemehl enthaltene Lignin den Stickstoff festlegt. Ist viel Stroh dabei, haben wir insofern keine guten Verhältnisse, weil Stroh in größeren Anteilen verhältnismäßig schwer verrottet und dabei eine Menge Stickstoff verbraucht. Frischer Pferdemist ist zu hitzig und könnte zu nicht wieder gut zu machenden Verbrennungen führen. Bereits angerotteter sollte je nach Alter mit entsprechenden Mengen eines organischen Mischdüngers angereichert werden. Meistens wird er unvorschriftsmäßig gelagert, das führt zu Stickstoffverlusten.
Kurzum, bei diesem Kompostmaterial muß man eine Menge Erfahrungen sammeln und einen guten Lieferanten haben.
Selbstverständlich gelten bei der Trester-Kompostierung auch die allgemeinen Regeln. Gemischt mit den Pflanzenrückständen des eigenen Gartens, die im Laufe des Sommers auf dem Sammelplatz bereits angerottet sind, und den noch unvergorenen Rückständen der Brennesseljauche wird das Trestermaterial so locker und feucht (aber nicht naß) aufgesetzt, daß ein langsamer Luftzutritt durch den ganzen Haufen gewährleistet ist. Außer organischem Mischdünger wird Erde, vorjähriger Kompost oder Steinmehl bis zu 10% zugesetzt, weiterhin Holzasche und Algenkalk. Von besonderer Bedeutung ist die Zugabe tierischen Mistes. Wir verwenden

dafür Hühnerdung aus eigener Hühnerhaltung und reine Kuhfladen, die mit Regenwasser verdünnt beim Aufsetzen dazugegeben werden. So haben wir die Naturreiche zum gemeinsamen Wirken eines neuen Werdens vereinigt: durch die Mineralien, die Rückstände der belebten Pflanze und die Ausscheidungen der Tiere.
Bevor die Elemente Luft, Wasser, Erde und Wärme möglicherweise des Guten zuviel tun könnten, werden sie von den biologisch-dynamischen Düngerzusatz-Präparaten, die wir nach dem Aufsetzen und der isolierenden Abdeckung mit Torferde dem Haufen eingeben, in die rechten Bahnen gelenkt. Sie gewährleisten einen harmonischen, gleichmäßigen Verlauf der Rotte, fördern die Nährstoffentwicklung und vermitteln lebendige Kräfte, welche die Lebensvorgänge der tätigen Kleintiere, Bakterien und Pilze unterstützen.
Es gehört zu den Hochgefühlen des Gartenjahres, wenn wir einen solchermaßen vortrefflich geratenen Kompost auf unsere Beete ausbringen, die wir zuvor mit der Grabegabel gelockert und gelüftet haben. Das kostbare Gut wird sogleich mit einer schützenden Hülle von grünem Mulchmaterial abgedeckt. Eine abschließende Gabe Steinmehl über die Abdeckung bringt ein übriges, um mit den Pflanzensäuren eine fruchtbare Struktur aufbauen zu helfen.
In dem Bewußtsein, unsere Beete mit einem guten Kompost nachhaltig versorgt zu haben und einen ebenso gehaltreichen im Entstehen zu wissen, dürfen wir uns geruhsame Wintermonate gönnen. Wir stehen am Anfang eines neuen erfolgversprechenden Gartenjahres.«

Weitere Kompostarten

Tierischer Dung

Im Unterschied zu den Pflanzen, die sich aus den Stoffen der Erde, der Atmosphäre und dem einstrahlenden Sonnenlicht aufbauen, ernähren sich die Tiere durch die Aufnahme pflanzlicher Substanzen. Ihr Stoffwechsel ist deshalb ein völlig anderer. Hat zudem das Tier noch Auslauf und kann sich auf der Weide frei bewegen, dann wird es durch seinen Nahrungstrieb keineswegs wahllos geleitet, sondern reguliert instinktsicher seine Bedürfnisse. Die moderne, allein nach wirtschaftlichen Gesichtspunkten betriebene Haltung bietet den Haustieren nur noch selten diese Möglichkeit. Es wäre verkehrt, wenn man den tierischen Dung lediglich als Abfallprodukt betrachten würde.

Werden die einzelnen Düngerarten aufgrund ihrer Eigenschaften und Stoffgehalte miteinander verglichen, fallen die folgenden Besonderheiten auf.

Der Schweinedung ist »kalt« und wird in einer formlosen Masse vom Tier abgesetzt. Vererdet bzw. als Kompost zubereitet, wirkt sich sein Kaligehalt förderlich auf die Entwicklung von Knollenfrüchten wie Sellerie aus.

Die äußere Form von Pferde-, Schaf- und Ziegenmist wechselt von »Roßbollen« bis hin zur charakteristischen, harten Kugelbildung bei Schaf und Ziege.

Der Rinderdung nimmt eine Mittelstellung ein und hält zwischen »heiß« und »kalt« die Waage. Er steht nach wie vor in großer Menge zur Verfügung und wirkt auf das Wachstum gärtnerischer Kulturen kräftig anregend, aber nur mäßig treibend.

Der Geflügeldung enthält nicht nur einen relativ hohen Anteil an mineralischen Stoffen (Phosphor), er nimmt auf der Kotplatte auch schnell eine feste, verhärtete Beschaffenheit an. Die Verdauung geht bei dieser Tierart rasch und intensiv vonstatten.

Nährstoffgehalte in tierischen Düngern in %

Stoff	Wasser	organ. Masse	Stickstoff	Phosphor	Kalium	Kalk
Frischer Mist gemischt	76,0	20,0	0,40	0,20	0,60	0,45
Rinder	77,3	20,3	0,40	0,16	0,50	0,45
Pferde	71,3	25,4	0,60	0,28	0,53	0,25
Schweine	72,4	25,0	0,45	0,20	0,60	0,08
Schafe	64,3	31,8	0,80	0,23	0,67	0,33
Ziegen	59,9	30,5	0,40	0,48	1,12	0,73
Kaninchen	71,0	28,4	0,80	0,20	0,70	0,30
Enten, Gänse	60,0	0,2	0,80	1,00	0,80	1,30
Tauben, Hühner	56,0	0,3	1,70	1,60	0,90	2,00

Links oben: Schweineborsten und Rinderhaare erhöhen den Stickstoffgehalt. Unten: »Wachsende« Düngermiete für größere Anlagen.

Kompost südlich des Äquators (Pretoria). Dazu eine elektrische Insektenfalle.

Dies wird zum einen an dem sehr kurzen Verdauungstrakt deutlich, zum anderen an der starken Veränderung der durch den Vogel hindurchgegangenen Futtermittel. Dem Geflügelmist kommt deshalb die »mineralischste« Düngewirkung zu. Nur eine sorgsame Behandlung auf dem Kompostplatz und Mischung mit stickstoffarmen Substanzen kann den Gärtner vor schädlichen Auswirkungen auf das Pflanzenwachstum bewahren. Richtig vererdet, fördert Geflügeldung die Blütenbildung nachhaltig und erfreut sich deshalb im Blumen- und Zierpflanzenbau seit jeher großer Beliebtheit.

Die Kompostierung von Rinderdung bereitet bei einiger Sachkenntnis wenig Schwierigkeiten. Er soll locker und gut durchmischt aufgesetzt werden, Beigaben von guter Erde, Basaltmehl und anderem mehr können nur förderlich sein. Die Rotte geht im Sommerhalbjahr problemlos vonstatten.

Ein wenig »sattelfest« sollte der Gärtner bei der Kompostierung von Pferdemist schon sein. Das heikle, sehr zur Hitze neigende Material bedarf einer guten Abpufferung mit pflanzlichen Substanzen und angefeuchteten Erden. Es kommt sonst leicht zu Verbrennungen, die eine Beeinträchtigung des Rotteablaufes zur Folge haben und zu verhältnismäßig großen Substanzverlusten führen. Die Miete sackt in sich zusammen und ist innerhalb weniger Tage nur noch halb so hoch. Wird der Pferdemist aus Reitställen bezogen, die mit Sägemehl eingestreut werden, ist doppelte Vorsicht geboten. Zum einen, weil das im Sägemehl enthaltene Lignin ein sehr weites C-N-Verhältnis besitzt und zum Aufschluß viel Stickstoff benötigt, zum anderen eine unvollständige Vererdung den Befall von tierischen Schädlingen (z. B. Drahtwürmer bei Kartoffeln) zur Folge hat. In ähnlicher Weise ist mit dem sehr heißen, stickstoffreichen Schafmist zu verfahren.

Wenn Sekera immer wieder betont hat, daß die tierische Komponente bei allen Aufbauprozessen im Boden nicht fehlen darf, dann spricht dies auch für die Anwendung des Stalldungs im Garten.

Obsttrester

Wer die Möglichkeit hat, Obsttrester (d.h. Preßrückstände aus der Obstsaftkelterei) zu bekommen, kann sich glücklich schätzen. Aufgesetzt mit geringen Anteilen Mist, angerottetem Sammelgut und reichlichen Gaben organischen Mischdüngers, Gesteinsmehl, auch Holzasche und Algenkalk (insgesamt etwa 10 kg/ m^3), ergibt er innerhalb eines

Jahres ohne Umsetzen ein hervorragendes Kompostmaterial. Er verdankt seine Qualität und problemlosen Rotteverlauf letzten Endes wohl auch dem hohen Regenwurmbesatz, der für die Trester-Kompostierung charakteristisch ist. Natürlich sollten keine Preßrückstände von Obst aus Intensivanlagen verwandt werden, deren Früchte sich ohnehin zur Saftherstellung wenig eignen. Es gibt aber noch Gegenden, wo im Herbst das Obst von knorrigen Apfel- und Birnenhochstämmen mit langen Stangen auf ausgebreitete Planen geschüttelt wird. Dort stehen auch in jedem Dorf Obstpressen zur Verfügung und der Trester ist in Mengen kostenlos zu erhalten.

Die stark verdichteten Preßplatten zerkleinert man mit Hilfe eines Häckslers. Besteht diese Möglichkeit nicht, dann bleiben die »Platten« geraume Zeit einzeln der Witterung ausgesetzt und weichen schnell auf, so daß mit der Hacke nur noch wenig nachgearbeitet werden muß.

Tut man noch ein übriges und läßt die »Platten« den Winter über auf dem Kompostplatz liegen und setzt das stark angerottete Material im folgenden Frühjahr mit einem gleichen Anteil Mist zum Kompost auf, so sind die Substanzen in kürzester Zeit völlig ausgereift und lassen sich noch im Sommer zum Säen und Pflanzen verwenden.

Rasenkompost

Im späten Frühjahr, gelegentlich schon im April, meist aber erst im Mai, in rauhen Lagen gar Anfang Juni, setzt im Wachstum der Gräser ein »Frühjahrsstoß« ein. Er bringt oftmals Nacht für Nacht einen Zuwachs bis zu 1,25 cm. Man »sieht« das Gras wachsen. Ein zweiter Schub, wenn auch nicht so heftig, findet im August oder September

Linke Seite: Kompost in einer mustergültigen Obstanlage.

Unten: Das Graswachstum ist im Sommerhalbjahr deutlichen Schwankungen – mit Höhepunkten in den Monaten Mai und September – unterworfen.

statt. Anhand der graphischen Darstellung läßt sich dieser Wachstumsrhythmus im Jahreslauf verfolgen.

Bei regelmäßiger Pflege bzw. intensivem Schnitt werden sich diese Gegebenheiten im Hausgarten meistern lassen. Zudem enthalten die Blattenden der Gräser wenig Rohfaser, sie verrotten schnell und bleiben meistens auf der Rasenfläche liegen. Dabei reichert das liegengelassene Schnittgut den Boden mit organischem Material an und setzt gleichzeitig die Verdunstung aus dem Untergrund herab.

Was geschieht aber, wenn es zu einem regelmäßigen Schnitt der Rasenfläche nicht kommt, das Gras kräftig heranwächst und von Tag zu Tag länger wird? Greift man dann zum Mäher, ist der Aufwuchs bereits zu lang geworden. Er kann nicht mehr obenauf liegenbleiben, sondern muß zusammengerecht und abgefahren werden. Soll nicht das Ganze im Container verschwinden (eine höchst unvernünftige Handhabung) , dann bietet sich der Weg über den Kompost an. Wie die Erfahrung lehrt, läßt sich diese Arbeit auch im Garten durchführen.

Frisches Gras enthält viel Wasser. Es darf deshalb nach der Mahd nicht sofort zusammengerecht und auf die Kompostmiete gepackt werden. Es würde sich sonst schnell in eine übelriechende, faulende Masse verwandeln. Ebenso darf es nicht dicht aufeinanderliegen; denn von Anfang an soll genügend Sauerstoff hinzutreten können. Um dies zu erreichen, ist ein Arbeitsgang voranzustellen. Auf einer größeren Wiese wird das Gras auf den »Schwad« gelegt und mit der Gabel aufgeschüttelt und ausgebreitet. An heißen Tagen ist dabei mit einem schnellen Anwelken zu rechnen. Das halbdürre Gras kann nun zusammengerecht und auf den Kompostplatz – jedoch noch nicht auf die Miete – gebracht werden.

Bei kleinen Rasenflächen ist es möglich, das Schnittgut gleich auf dem Komposthaufen anwelken zu lassen. Der Rasenschnitt soll niemals allein verrotten, mineralische Zuschläge und Beigaben von tierischen Düngern sind immer erforderlich. Deshalb ist angewelktes Gras schaufelweise mit altem Kompostmaterial, gegebenenfalls auch Mist und organischen Zusatzdüngern, zu mischen. Gute Dienste leistet auch vom Vorjahr

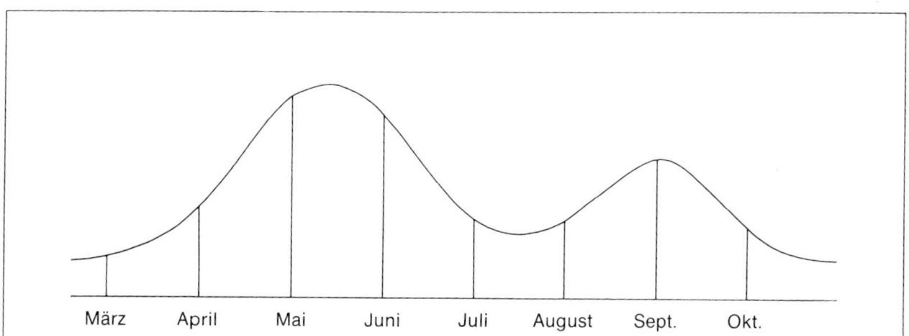

Laubkompost wird mit Torfstreu abgedeckt.

angesammeltes Laub, es läßt sich hier gleich bestens weiterverwenden.

Im Sommer fallen im Garten die verschiedensten Abfälle von den Beeten, insbesondere den Blumenrabatten, aber auch aus Küche und Haus an, die sich untermischen lassen. Gleiches gilt für gehäckseltes Strauchwerk, selbst Hobelspäne oder Sägemehl, auf die Oberfläche gebracht, vergehen auf diese Weise in relativ kurzer Zeit.

Das angewelkte Gras wird schichtweise mitsamt den Beigaben auf die Miete gebracht. Eine Lage sollte dabei die Höhe von 50 cm nicht überschreiten. Dabei ist, je nach der Beschaffenheit der Zuschläge, der Wassergehalt erneut zu überprüfen. Vielleicht erweist sich sogar eine leichte Benetzung als notwendig.

Ist eine Lage aufgebracht, dann kann man etwa zwei Wochen mit der nächsten Arbeit warten. In dieser Zeitspanne ergreifen die Bodenorganismen Besitz von dem Ganzen, die Rottevorgänge setzen ein. Rohrmatten sorgen für die notwendige Abdeckung. Durch das schichtweise Aufbringen ist eine Kombination mit den jeweiligen Schnittzeiten möglich. Es läßt sich dadurch ein Zeit- und Arbeitsplan aufstellen sowie errechnen, wie lang der Komposthaufen sein muß, um den ganzen Rasenschnitt ordnungsgemäß aufsetzen zu können. Außerdem wird man im ersten Drittel der Mietenhöhe die Rottelenker zugeben.

Am Ende der Arbeit wird die Abdekkung mit Erde oder anderem Material vorgenommen. Ist der Aufwuchs im Garten zu groß und zu alt geworden, weil nicht reichtzeitig gemäht wurde, so läßt sich das getrocknete, alte Heu auf und um die Miete herum packen. Jetzt wird man sehen, daß auch hier die Rotte von innen nach außen relativ schnell vonstatten geht, sofern nur für genügend Feuchtigkeit im Haufen gesorgt worden ist.

4 bis 6 Wochen nach Fertigstellung muß das Ganze umgesetzt werden. Der Rotteverlauf geht im Sommerhalbjahr rasch vor sich. Finden sich dennoch Reste vom beigegebenen Astwerk, unzerkleinerte Kohlstrünke und anderes mehr in der Komposterde, dann wird sie durchgesiebt und der Ausputz der nächsten Miete beigegeben.

Auf diese Weise läßt sich der Rasenschnitt auch im Garten sinnvoll verwerten und es steht selbsterzeugte organische Substanz zur Verfügung, die im Garten jedes Jahr aufs Neue gebraucht wird und seiner Weiterentwicklung dient.

Laubkompost

In jedem Herbst lassen die Laubbäume in Gebieten des gemäßigten Klimas ihre Blätter fallen. Im Verlauf einer Wanderung durch den Wald bemerkt man, wieviel Blattsubstanz im Frühjahr und Sommer herangewachsen ist, langsam zu Boden fällt und der Aufarbeitung durch die Kleinlebewelt harrt.

Nicht selten wird gesagt, daß sich Schönheit und Produktivität schlecht verbinden lassen. Der gesunde Mischwald ist ein lebendiger Beweis für das Gegenteil. Er produziert viele hundert Tonnen Biomasse je Hektar in Form von Holz sowie eine beachtliche Menge Laub, die jedes Jahr der Erde zurückgeführt wird. Es ist deshalb zu bedauern, daß in vielen neu

angelegten Gärten der Laubbaum so gut wie verschwunden ist. Man scheut die Arbeit im Herbst und verzichtet damit auf wertvolle organische Substanzen.

Dabei ist die Verwendung von Laubkomposten alter gärtnerischer Brauch, wobei man allerdings dem Buchenlaub den Vorzug gab, obwohl es zu den Hartlaubarten (wie Eiche, Kastanie, Walnuß und andere) gehört, die schwer verrotten. Deshalb wurde es zunächst im Herbst zum Frostschutz bei den Frühbeeten verwandt und erst im folgenden Frühjahr aufgesetzt. Die Rotte dauerte mehrere Jahre, und das Material mußte dann noch durchgesiebt werden.

Der Ausspruch »Laub macht den Boden taub« bezog sich vornehmlich auf die schwer rottbaren Laubarten von Eiche oder Walnuß. Sie förderten die Bodenqualität nur sehr bedingt, weshalb man hier von einer »Verseifung« des Landes sprach.

Am schnellsten rottet das Laub von Obstbäumen, Eschen, Ulmen, Birken, Ahorn und anderen mehr. Zudem kommt die geschilderte Handhabung der Kompostierung der Laubrotte in besonderem Maße zugute. Die Substanzen sind innerhalb eines Jahres so stark ausgereift und vererdet, daß sie sowohl zur Aussaat gärtnerischer Kulturen, als auch zur Jungpflanzenanzucht verwandt werden können.

Dennoch ist es hilfreich, wenn folgendes beachtet wird.

Einseitigkeiten sollen vermieden werden, verschiedene Laubarten sind stets zu mischen.

Das Material muß feucht genug sein, die Blätter dürfen nur in nassem Zustand zusammengerecht werden. Nachträgliches Wässern beim Aufsetzen hat wenig Sinn, denn das Wasser läuft sofort zwischen den Blättern wieder ab. Dagegen muß nasses, verschmiertes Laub leicht abtrocknen.

Reines Laubmaterial läßt sich mit gehäckseltem Reisig zwecks besserer Sauerstoffzufuhr vermischen. Vor dem Ge-

Die Rotte von Waldstreu mit und ohne den Einfluß der Bodentiere.

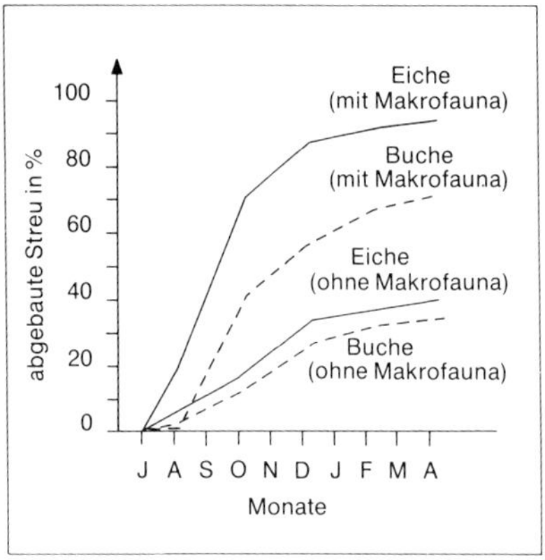

brauch muß dann allerdings die Komposterde durchgesiebt werden, denn das Reisig zersetzt sich nicht vollständig in einem Jahr. Gleiches gilt für die Beigabe von sperrigem Holz, das ebenfalls die Belüftung fördert, den Arbeitsaufwand beim Umsetzen und späteren Sieben aber erheblich erhöht.
Die Beigabe von bereits gut verrotteter Lauberde (bis zu 5%) fördert den Abbau. Die notwendige Kleinlebewelt wird so von Anfang an der Miete mitgegeben. Die biologisch-dynamischen Kompostpräparate oder andere Rottelenker sind schon beim Aufsetzen einzubringen. Späteres Ausbringen in die Mieten ist mit Mehrarbeit verbunden.
Eine relativ hohe Anfangstemperatur fördert die Tätigkeit der Makro- und Mikroorganismen. Dies läßt sich durch die Beigabe von Stallmist erreichen, oder durch Übergießen mit der Zucker-Backhefe-Lösung fördern.
Soweit wie möglich kann man sich der Zuschläge bedienen. Basaltmehl und Algenkalk in kleinen Gaben dürfen nicht fehlen. Steht kein tierischer Dung zur Verfügung, werden organische Mischdünger zur Anreicherung beigegeben.
Die Abdeckung des Haufens sollte lieber mit einer dünnen als dicken Erdschicht vorgenommen werden. Kräftiger Druck von außen ist zu vermeiden und behindert den Rotteablauf. Eine starke Abdeckung (10 bis 20 cm) mit Stroh oder Kartoffelkraut kann dem Ganzen nur von Nutzen sein.
Auch hier ist in der Waldnähe besondere Vorsicht geboten. Sobald sich in der Miete die ersten Mistwürmer zeigen, stellen sich auch die Vögel ein. Die Abdeckung mit Maschendraht oder Netz läßt sich in diesem Falle nicht vermeiden.
Das Umsetzen ist beim Laubkompost unbedingt notwendig. In der Regel geschieht dies im späten Frühjahr des folgenden Jahres, also schon in der wärmeren Jahreszeit. Dabei werden die Rottebeschleuniger nochmals eingebracht.
In der Sommerzeit können die Rotteprozesse ungestört ablaufen. Ein angenehmer Duft nach Walderde und eine krümelige Struktur des vererdeten Materials machen uns im Herbst auf den Erfolg des Kompostierungsvorganges aufmerksam.
Schließlich ist noch zu bedenken, daß sich auch halbfertige Laubkomposte zur Bodenbedeckung in rauhen Lagen und ungünstiger Bodenstruktur in den Wintermonaten sinnvoll verwenden lassen. Die Substanzen vererden dann vollständig und lassen sich im Frühjahr leicht einarbeiten.

Rindenkompost

Die Rinde wurde viele Jahre hindurch von der holzverarbeitenden Industrie als lästiges Abfallprodukt angesehen. Man übergab sie der Müllverwertung, ließ das Material auf ungepflegten Haufen verrotten oder brannte es ab. Die Mißach-

Halbfertiger Rindenkompost wird zur Niederhaltung von Unkraut im Garten gerne auf Wegen angewandt (Einzelheiten im Text).

tung eines solchen wertvollen Naturproduktes war insofern unverständlich, als die Rinde dem Torf in vielen Eigenschaften ähnlich ist und gerade dieser Stoff dem Gärtner nur noch in begrenztem Umfang zur Verfügung steht.

Folgende Gründe sprechen für den Einsatz von Rindenkomposten im Garten:

- Rinde entstammt den natürlichen Lebensprozessen und ist von zahllosen Mikroorganismen durchsetzt.
- Der Torf dagegen ist eine abgestorbene, tote Substanz mit stark saurem Charakter.
- Der Anteil an organischer Substanz ist etwa 2,5 mal höher als derjenige von Torf. Untersuchungen haben ergeben, daß schon nach einmaliger Ausbringung der Humusspiegel günstig beeinflußt und länger aufrecht erhalten wird, da sich der Rindenkompost wesentlich langsamer als Torf abbaut.
- Der Oberboden wird durch dieses Material aufgelockert, was eine verbesserte Luft- und Wasserführung zur Folge hat und dementsprechend den Wärmehaushalt vorteilhaft beeinflußt.
- Das Vermögen Wasser zu binden, ist im Vergleich zu Torf um 50% niedriger.
- Der Kalkgehalt der Rinden ist unterschiedlich (s. Tab. Seite 51) bei einigen Arten (z. B. Fichte) sehr gering. Dennoch wird der Kalk im Verlauf der Rotte aufgeschlossen und das Substrat weist am Schluß einen pH-Wert von 5,5 bis 6,5 auf. Es ist damit pflanzenverträglich.

Herstellung

Zunächst sei darauf hingewiesen, daß Nadelholz, das im Sommerhalbjahr zeitweise im Wald gelagert werden muß, zum Schutz gegen rinden- und holzbrütende Borkenkäfer mit Insektiziden behandelt wird. Vor der Verwendung ist es deshalb erforderlich, sich vom Lieferanten schriftlich bestätigen zu lassen, daß die Stämme am Boden nicht begiftet worden sind.

Bei der Herstellung des Kompostes können aufgrund der guten Strukturierung des Materials wenig Fehler gemacht werden. Die angefahrene Rinde läßt sich in einem Zuge mietenförmig aufsetzen. Da dieser Rohstoff besonders sperrig ist, kann die Höhe 2 Meter und mehr betragen. Je höher desto besser! Das heißt, bei größerem Druck von oben verkleinern sich die Hohlräume auf das rechte Maß, wodurch die Rotte beschleunigt wird.

Obwohl ganz frische Rinde eine Eigenfeuchte von 70% besitzt, kann sie noch relativ viel Flüssigkeit aufnehmen. Dies läßt sich mit der notwendigen Stickstoffzufuhr verbinden, indem man Rindersowie Schweinejauche zugibt oder verflüssigten Hühnerkot über die Miete pumpt. Damit kann man gleichzeitig die Verwendung der lästigen Kotmengen aus der Massentierhaltung besser in den Griff bekommen.

Stehen derartige Substanzen nicht zur Verfügung, ist die ausreichende Zugabe von Stickstoffträgern, in der Regel Harnstoff (4 kg/ m^3) oder Horngries und -mehl, Blutmehl oder Schweineborsten, erforderlich. Sie werden bei der Zersetzung des organischen Materials restlos abgebaut. Die Beigabe von Bentonit oder Basaltmehl in kleinen Mengen fördert ebenfalls die Umsetzungen. Ätzkalk darf selbst in geringen Mengen nicht eingepudert werden. Damit läßt sich zwar der pH-Wert erhöhen, Humus- und Stickstoffsubstanzen gehen jedoch verloren. Steht andernfalls ausreichend Zeit zur Verfügung, wird der Kalk in der Rinde aufgeschlossen und der notwendige pH-Wert von selbst erreicht.

Unter guten Voraussetzungen kann die Temperatur 70 bis 80 °C erreichen. Die Miete »kocht« dann regelrecht mehrere Monate lang – sich selbstreinigend und hygienisierend – durch. Ein nachträgliches wiederholtes Befeuchten kann sich dabei als notwendig erweisen. Ist eine bodenähnliche, wenn auch noch rohe Beschaffenheit des Düngematerials erreicht, was immer wieder geprüft werden muß, kann die Miete nach 6 bis 10 Monaten umgesetzt werden.

Der Rindenkompost ist reif, wenn das Gut leicht und locker zerfällt, von Bodenpilzen durchzogen ist und angenehm nach Walderde duftet. Dies dürfte nach $1\frac{1}{2}$ bis 2 Jahren der Fall sein, hängt aber auch von der anfangs zugegebenen Stickstoffmenge ab.

Steht ein Häcksler zur Verfügung, kann man wesentlich schneller und in gleicher Weise wie die Kompostwerke vorgehen. Die lose, aufgestapelte frische Rinde wird dabei etwa 5 Monate vorgerottet und dabei zermürbt. Jetzt kann sie sich wesentlich besser und schneller, bei gleichzeitig geringerem Energieaufwand, maschinell zerkleinern und aufsetzen lassen. Die Harnstoff- und Gesteinsmehlzuschläge erfolgen wie zuvor beschrieben. Nach weiteren 3 bis 4 Mona-

ten ist unter günstigen Umständen die Rotte abgeschlossen.
Die Rindenprodukte sind der Übersichtlichkeit halber in 3 Gruppen eingeteilt worden:
Rindenmulch ist junges Rindenmaterial und in der Zusammensetzung relativ grob. Es enthält noch nicht abgebaute Gerbsäuren, Harze und Phenole, die auf jegliches Unkrautwachstum hemmend wirken. Deshalb wird dieses Material bisweilen im konventionellen Gartenbau zum Abdecken von Wegen, Rabatten und öffentlichen Anlagen verwendet.
Rindenhumus ist ganz verrottete Substanz (Kompost) und von schwarzem Aussehen. Sie kann ebenfalls zur Bodenbedeckung verwendet oder oberflächlich mit Hacke, Fräse bzw. dem Kultivator eingearbeitet werden. Sonst wird sie wie Torf verwandt.
Rindensubstrat enthält je nach Fabrikat zusätzliche Beimengungen von Stickstoff, Kalk, Gesteinsmehlen usw. Es wird wie Rindenhumus eingesetzt und zur Herstellung von Anzuchterden zusätzlich mit einem Teil Erde oder Torfmull vermischt.

Richtwerte für Rindensubstrate

Physikalische Eigenschaften*)	
Korngröße	0–6,3 mm
Volumengewicht	300–400 g/l
Wasserkapazität	50%
Chemische Eigenschaften*)	
C-N-Verhältnis	20–25/1
Eisen-Mangan-Verhältnis	2/1
pH-Wert	6,0–6,5
Salzgehalt	bis 2 g/l
Pflanzenverfügbare Nährstoffe	
Stickstoff (N)	100–200 mg/l
Phosphor (P_2O_5)	100–250 mg/l
Kalium (K_2O)	300–400 mg/l
Magnesium (Mg)	100–150 mg/l

*) ermittelt nach Untersuchungsmethoden der Landwirtschaftlichen Untersuchungs- und Forschungsanstalten (LUFA).

Anwendung des Kompostes im Garten

Der Kompost im Garten ist eine Kostbarkeit, mit der man bei allen Maßnahmen nicht leichtfertig und unbedacht umgehen sollte. Vielerlei Abfallstoffe, pflanzlicher und tierischer Herkunft, wurden hier zu einem Produkt verarbeitet, das nicht allein an seinem Nährstoffgehalt gemessen werden kann.

Gute und ausgereifte Komposterden wirken anregend und nicht treibend in Anpassung an den Witterungsablauf und den Bedürfnissen der Pflanzen entsprechend. Sie fördern die Widerstandskraft der Kulturen und verbessern die Qualität der Früchte. Damit die größtmögliche Wirksamkeit der Dünger erhalten bleibt, dürfen sowohl die Komposterden wie auch die angerotteten, tierischen Dünger niemals in den Boden eingegraben, sondern lediglich oberflächlich ausgebracht werden. Bei der Verwendung der Stoffe ist auf den jeweiligen Reifegrad zu achten:

Ganz ausgereifte Substanzen bleiben den Zierpflanzen, Saaten oder Anzuchten vorbehalten, wobei die Mischung der Erden mit Sand, Torf oder anderem sich nach den jeweiligen Bedürfnissen der Kultur richtet.

Halbfertiges Kompostmaterial wird gerne im Herbst auf die hergerichteten Beete gebracht und rottet in den Wintermonaten auf den Flächen nach. Dabei macht es gar nichts aus, wenn noch klumpige Anteile enthalten sind. Sie frieren im Winter auseinander und zergehen im Frühjahr leicht. Ebensowenig stören noch unverrottete Zweigstücke, Staudenstengel und anderes mehr, die bei den ersten Frühjahrsarbeiten abgerecht und dem neuen Haufen zugeschlagen werden.

Zur Flächenkompostierung eignen sich die verschiedensten Gartenabfälle, die im Winter nachrotten.

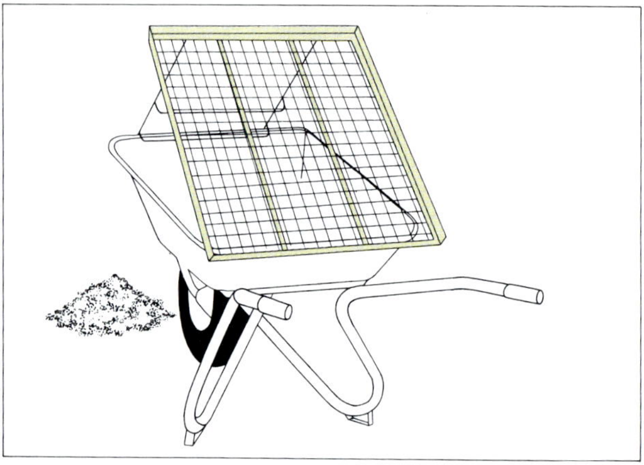

Notwendige Hilfsmittel zur Erdbereitung.

Tierische und pflanzliche Dünger in voller Rotte (»dritte Phase«) bringt man bereits in diesem Stadium zu Kartoffeln, Tomaten oder Krautarten aus und arbeitet sie leicht ein. Die Stoffe besitzen noch die »volle Kraft«, verlieren aber dank der vorangegangenen Rotteprozesse nicht mehr an Substanz.

Um mit den vorhandenen Kompostmengen im Frühjahr alle Kulturen richtig versorgen zu können, muß zu Beginn der Gartenarbeiten auf einem erworbenen oder neu in Bewirtschaftung genommenen Grundstück sehr oft der gesamte Kompost aufgeteilt und in sparsamster Form auf die Flächen gebracht werden. Dies kann auf zweierlei Art in Saatrillen oder Pflanzlöchern erfolgen.

Bei der ersten Methode gibt man den feingesiebten Kompost vor der Aussaat in die Saatrillen. Bei der Pflanzloch-Methode wird der Kompost direkt in das ausgehobene Loch gegeben, was sich besonders bei Starkzehrern bewährt hat. Der Vollständigkeit halber sei noch angeführt, daß bei Damm- oder Hügelkulturen (z.B. bei Kartoffeln) die angerotteten tierischen Dünger direkt in die auseinandergeschlagene Furche kommen und wieder seitlich angehäufelt werden.

Komposterden stehen nur in begrenztem Maße zur Verfügung. Dennoch sollte bei der Gartenplanung bzw. Fruchtfolgegestaltung mit einem Bedarf von 1 bis 2 kg/m^2 gerechnet werden. Bei zweiter Tracht erfolgt gegebenenfalls nochmals eine Gabe von 1 kg/m^2 als Nachdüngung.

Während die einjährigen Gemüsepflanzen nach ihren jeweiligen Bedürfnissen versorgt werden, erfolgt die Düngung des Beerenobstes nach der Ernte bzw. im Herbst, wenn die Wachstumsvorgänge in den Kulturen abgeschlossen sind. Diese Verhaltensweise gründet darauf, daß die Düngung zur Vegetationszeit eine zu große Triebigkeit zur Folge hat. Die Bildung von lockerem Blattgewebe und damit verbunden eine höhere Anfälligkeit für Pilzerkrankungen wären die Folge. Die Aufwandmenge richtet sich nach der Bodenart und der Ernteerwartung. Als Anhaltspunkt mögen durchschnittlich ein Eimer für 2 bis 4 m^2 und drei Hände voll Mischdünger als Ergänzung dienen. Bei Baumobst kann zusätzlich im späten Frühjahr zur Förderung des Ertrages im folgenden Jahr nochmals die Baumscheibe mit einem schnell wirkenden, stickstoffreichen Dünger (z.B. Hornmehl) bedacht werden.

Flächenkompostierung

Im naturgemäßen Gartenbau wird die Bodenbedeckung, auch Mulchen genannt, seit vielen Jahren angewandt. Dies betrifft auch das Ausbringen von halbfertigem Kompostmaterial zur Abdekkung der Gartenbeete in den Wintermonaten (Hanke 1981), worauf immer wieder hingewiesen wird. Im organisch-biologischen Land- und Gartenbau sind diese Handhabungen jedoch weiterentwickelt und zur Methode ausgearbeitet worden.

Gärtner und Landwirte verstehen unter Flächenkompostierung die Verrottung von organischer Substanz an Ort und Stelle, das heißt auf der Fläche, auf der sie zur Aktivierung des Bodenlebens und dadurch zur Düngung und Bodenverbesserung dienen soll. Dazu werden die organischen Materialien in dünner Schicht (»schleierdünn«) auf den Boden als Nährdecke ausgebracht. Auf keinen Fall darf das Material untergegraben werden. Wohl aber kann eine oberflächliche Einmischung sinnvoll und förderlich sein. Mit dieser Form der Kompostierung wird gleichzeitig eine schützende Bodendecke geschaffen, die sowohl die Verdunstung mindert und den Unkrautwuchs unterdrücken hilft, als auch eine Verschlämmung verhütet.

Als Vorbild dient, wie bereits dargestellt, der Rotteablauf im gesunden Mischwald. Dort fallen Blätter, Nadeln und andere abgestorbene Pflanzen auf den Boden. Sie werden nach und nach durch die Tätigkeit der Bodenorganismen abgebaut und wieder in den lebendigen Kreislauf einbezogen. Gleichzeitig schützt diese Decke den Boden und seine Lebewesen vor übermäßiger Sonneneinstrahlung, vor aufprallendem Regen und austrocknenden Winden. Es entsteht dadurch ein Bereich »dunkler Feuchtigkeit« (Rusch, 1963), in dem ideale Lebensbedingungen für die Bodenorganismen herrschen, so daß die mehrstufigen Zersetzungsvorgänge unter optimalen Bedingungen ablaufen können und wiederum die Voraussetzungen schaffen für ein gesundes Wachstum der Pflanzen.

Entstehung des Flächenkompostes

Grundsätzlich gilt es, den Flächenkompost genauso aufzubauen wie jeden anderen gepflegten Kompost auch. Vor allem sollte er möglichst vielseitig zusammengesetzt sein. Als Materialien werden dabei verwandt:

Grünmasse jeglicher Art, z.B. Rasenschnitt und Wiesengras (nicht samentragend), überflüssige oder zu groß gewordene Stauden, Blumen, Ernterückstände wie Möhrenkraut, Salathüllblätter, noch nicht samentragendes Unkraut, jedoch keine Wurzelunkräuter und vieles mehr. Dieses Material sollte leicht angewelkt sein, damit man keine Schnecken anlockt. Rasenschnitt eignet sich gut als oberste Schicht, so daß die Beete trotz der Bedeckung ordentlich und gepflegt aussehen können.

Heilkräuter leisten einen besonderen Beitrag zur Gesundung der Böden. Ihr Reichtum an Spurenelementen und Mineralstoffen, vor allem aber auch ihre Fähigkeit, die verschiedensten Prozesse im Boden anzuregen, machen sie zu unentbehrlichen Helfern. Besonders geeignet sind Beinwell (kaliumreich und viel Masse bildend), Senf, Ringelblume,

Beispiele für Flächenkompostierung. Unten: Nelken in Südamerika, abgedeckt mit Zuckerrohrabfällen.

Dill, Borretsch. Auch Wildkräuter wie Brennessel, Schafgarbe, Löwenzahn, Spitzwegerich und viele andere sollten der Kompostierung zugeführt werden.

Tierische Komponenten in Form von verrottetem Mist oder Mistkompost. Wo kein Dung zur Verfügung steht, läßt sich organischer Handelsdünger tierischen Ursprungs wie Hornspäne oder Hornmehl gut verwenden.

Häckselmaterial aus groben Gartenabfällen, z.B. Heckenschnitt, Sonnenblumenstengeln oder Kohlstrünken. G. Franck (1980) empfiehlt außerdem die Hinzunahme von Holunderzweigen als Abwehr gegen Maulwürfe und Wühlmäuse, Rainfarn und Farnkraut zur Schädlingsabwehr, Schachtelhalm, Heckenrosenzweige und andere Kräuter zur Nährstoff- und Spurenelementanreicherung sowie Haferstroh zur Auflockerung des Materials. Mischt man noch frische Grünmasse unter, so läßt sich eine Temperatur erreichen, die Unkrautsamen weitgehend abtötet. Ausgebracht werden die Substanzen nach dem Abdampfen und wenn die ersten Regenwürmer einwandern. Sie bleiben also zunächst einige Tage auf dem Kompostplatz liegen. Dieser Häcksel wird zwischen die Gemüsereihen, auf Stauden- und Rosenbeete, auf Baumscheiben, zwischen Beerensträuchern usw. ausgebracht.

Gesteinsmehle, z.B. das Basalt- oder Lavamehl, bringt die mineralische Komponente in den Flächenkompost, reichert den Boden mit Spurenelementen an und bildet auch eine langsamfließende Quelle für Tonminerale, welche für die Ton-Humus-Bildung wichtig sind. Tonerdemehle finden auf leichten Böden Verwendung.

Krautgarten mit Strohabdeckung.

Algenkalk fördert die Verrottung, sorgt für einen ausgeglichenen Säurehaushalt im Boden und bringt unter anderem das wichtige Element Magnesium mit.

Angerottetes Kompostmaterial, man denke an den Inhalt aus Kompostbehältern, ist besonders als Bodendecke über den Winter in vielen Gärten allein schon aus dem Grunde als ein geeignetes Material zu empfehlen, weil Stallmist in den meisten Fällen nicht zur Verfügung steht. Eine solche Winterdecke, zusätzlich überstäubt mit Basaltmehl, hat die gleichen vorteilhaften Wirkungen wie beispielsweise Häckselgut, muß aber in der Regel im Frühjahr vor der Aussaat weggerecht werden. Als vollkommenes Ausgangsmaterial mit möglichst vielfältig zusammengesetzter Herkunft enthält es alle für die Pflanzenernährung und -gesundheit wichtigen Stoffe.

Ein auf diese Weise zusammengesetzter Flächenkompost bringt zum einen alle für ein gesundes Pflanzenwachstum benötigten Stoffe in den Boden und fördert dessen Verlebendigung. Auf den Zusatz von käuflichen »Rottelenkern« wird bei der Flächenkompostierung in der Regel verzichtet. Wenn man den Bodenlebewesen die richtigen Bedingungen wie Nahrung, Schutz vor Licht, Austrocknung und eine ausreichende Bodendurchlüftung schafft, erfüllen sie ihre Aufgabe auch so. Unterbleibt dies, wer-

den auch die mit den Kompostarten zugeführten Bakterien (meist Abbau-Spezialisten) nicht gedeihen können.
Beschränkt geeignete Materialien: Schwerverrottbare Substanzen wie Laub und Stroh können zwar ebenfalls zur Bodenbedeckung herangezogen werden, man sollte sie aber nur bei Dauerkulturen wie Beerensträuchern, unter Obstbäumen oder Hecken einsetzen. Sägemehl oder Häckselmaterial von Nadelbäumen dürfen wir allenfalls bei den etwas säureliebenden, dem Wald entstammenden Kulturen wie Himbeeren oder Erdbeeren ausbringen. Die Nährwirkung dieser Decke ist allerdings sehr gering. So weitgehend wie möglich sollte auch hier auf Torf als Bedeckungsmaterial verzichtet werden.
Müll, Klärschlamm und Fäkalien finden bei der Flächenkompostierung – wie bereits beschrieben – keine Verwendung.

Ziele und Wirkungen der Flächenkompostierung

- Schaffung günstiger Bedingungen für das Bodenleben und damit Ernährung der Pflanzen über optimale Bodenbelebung und Garebildung
- Quelle ständiger Nahrungsnachlieferung für den Bodenorganismus
- Schutz der Rhizosphäre und des Bodenlebens insgesamt vor Hemmstoffwirkungen eingearbeiteten organischen Materials´
- Schutz vor Verdunstung, Verschlämmung und Austrocknung (Verbesserung der Bodenatmung)
- Schutz vor direkter Bestrahlung (Förderung der Mikrobienentwicklung)
- Temperaturausgleich und Verhinderung sprunghafter Erwärmung
- Schutz vor Erosion durch Wind und Wasser
- Schutz vor Bodendruck
- Unkrautunterdrückung

Formen der Flächenkompostierung

- Frischmistschleier
- Flächenkompost aus frischeren organischen Abfällen (Gartenabfälle, Rasenschnitt, Heilkräuter)
- Bodendecke aus angerotteten organischen Substanzen oder reifer Komposterde
- Bodendecke aus langsam verrottenden organischen Materialien (Stroh, Laub, Sägemehl)
- Abdeckung der Oberfläche mit Lavagrus
- Überstäuben der Oberfläche (der Bodendecke) mit geeigneten Gesteinsmehlen (Basalt, Diabas, Granit usw.)
- Lebende Bodenbedeckung (Gründüngung)
  - abfrierende, nicht abfrierende Gründüngung
  - stickstoffsammelnde, nicht stickstoffsammelnde Pflanzen
  - Wachstum vor oder nach der Hauptkultur
  - Wachstum mit der Hauptkultur (Untersaat)

Handhabung der Bodenbedeckung

Um unnötigen Ärger zu ersparen, gilt es, einige wichtige Punkte zu beachten.
Die Bodenbedeckung darf nicht zur Oberflächenverdichtung oder zu anaeroben Vorgängen (Gärung, Fäulnis) führen. Bei Materialien, die dazu neigen, dicht zusammenzulagern und eine anaerobe Schicht zu bilden (Rasenschnitt, Laub), muß durch Hinzumischen von sperrigem Material (z. B. Häcksel) für Auflockerung und Durchlüftung gesorgt werden. Entscheidend ist, daß man die Deckschicht nicht zu stark aufbringt. 0,5 cm reichen schon aus, mehr als 3 cm dick sollte sie nicht sein. Leichte Böden vertragen mehr Abdeckmaterial als schwere. Der Luftaustausch des Bodens darf nicht behindert werden. Zu dicke Schichten ziehen außerdem Schnecken und Mäuse an. »Wenig, aber ständig« ist der richtige Grundsatz.
Kürzere Zeit vor oder nach einer Saat darf keine frische Deckschicht ausgebracht werden. Viele Samen reagieren außerordentlich empfindlich auf die intensiven Umsetzungen, die unter einer

Bodendecke vor sich gehen. Aus diesem Grund muß man im Herbst bereits ausgebrachtes Häckselmaterial von den Flächen, die im zeitigen Frühjahr besät werden sollen, wieder abrechen und auf dem Kompostplatz aufsetzen. Erst nach dem Auflaufen kann dann zwischen den Reihen wieder eine Bodenbedeckung ausgebracht werden, um die vorteilhaften Wirkungen der Flächenkompostierung so früh wie möglich zur Geltung zu bringen.

Lebende Bodenbedeckung

Bisher ist bei der Besprechung der Flächenkompostierung auf die Vorteile hingewiesen worden, die ein bedeckter Boden gegenüber einem unbedeckten bringen kann. Hier handelt es sich zunächst um tote, abgestorbene Substanzen. Dies muß nicht immer so sein; die Gartenbeete lassen sich auch durch eine lebende Decke aus Gründüngungspflanzen schützen. Das gilt zum einen für die Zeit vom Frühjahr bis etwa Mitte Mai auf den Flächen, welche frostempfindliche Kulturen tragen sollen (z. B. Bohnen, Tomaten, Gurken), zum anderen im Herbst, wenn einzelne Beete schon abgeerntet sind. Daneben kann man den reichen Nutzen einer Gründüngung (s. unten) aber auch ganzjährig wahrnehmen.

Viele Kulturen vertragen eine Untersaat (Tomaten, Zuckermais und andere), z. B. mit Kresse oder dem später abfrierenden Perser- oder Alexandrinerklee, ohne dabei im Ertrag zu leiden. Solche Untersaaten kann man schon im Juli oder früher aussäen. Besonders nutzbringend sind dabei jene Pflanzen, die auch noch

Ziele und Wirkungen der Gründüngung

- Anreicherung des Bodens mit organischem Material
- Steigerung der biologischen Aktivität des Bodens
- N-Akkumulation (Stickstoff-Sammlung)
- Anreicherung mit Nährstoffen und Spurenelementen
- Produktive Verwertung der Niederschläge
- Verminderung der Nährstoffauswaschung
- Erosionsminderung
- Bodenstrukturverbesserung durch Beschattung, Krümelung, Lockerung
- Verminderung von Unkräutern, Krankheiten, Schädlingen
- Ertragserhöhung bei Folgefrüchten

zur Bereicherung der Rohkostplatte dienen, wie Spinat, Kresse oder Kerbel, und die zugleich mit ihrer Blatt- und Wurzelmasse die Lebewesen im Boden »füttern«.

Nach dem Abfrieren oder Abhacken geht die lebende Bodendecke wieder in eine Flächenkompostierung über. Als zusätzlichen Vorteil hat man bei dieser Form der Bodendecke die positiven Wirkungen der Durchwurzelung des Bodens.

Für die Gründüngung stehen uns eine ganze Reihe von Pflanzen zur Verfügung. Zum einen die große Gruppe der Leguminosen oder Schmetterlingsblütler (z.B. Ackerbohnen, Erbsen, Wicken, Kleearten). Dann die raschwüchsigen, vom Saatgut her billigen Kreuzblütler wie Senf, Raps, Ölrettich. Schließlich auch Pflanzen wie die »bienenfreundliche« Phacelia oder der Spinat, Feldsalat, Kresse, Kerbel. Näher darauf einzugehen würde den Rahmen dieser Ausführungen sprengen. Nur soviel sei angemerkt: Phantasie und eine abwechslungsreiche Vielfalt bei der Auswahl und Abfolge der Gründüngungssaaten führen erst zum vollen Erfolg aller Maßnahmen.

Das Hügelbeet

Gartenfreunden mit relativ kleinen Grundstücken in der Stadt ist es oft nicht möglich, eine geordnete Kompostierung der Abfälle durchzuführen. Dies bringt zum einen die beengte Lage mit sich, zum anderen sind es die Nachbarn, welche sich durch eine Miete belästigt fühlen können. Nicht zuletzt ist es auch der Wunsch vieler Gartenbesitzer, den beschränkten Raum nur für Blumenrabatten oder Gemüse zu nutzen. Als Ersatz bietet sich deshalb das Hügelbeet an, welches leicht zu einer »Kompostmiete auf Zeit« entwickelt werden kann. Wer denkt hier nicht sogleich an die eingangs erwähnte Bedeutung der »erhöhten« Erde, der Wall- oder Dammkultur? Zudem sind die auf Hügelbeeten angebauten Früchte kräftig und gesund, die Erträge relativ hoch.

Die Anlage nimmt alle Abfälle von Haus und Garten in den Winterwochen auf und verwandelt sie in einem Zeitraum von vier bis maximal sechs Jahren in fruchtbare Gartenerde. Nach Ablauf dieser Frist ist die organische Substanz verbraucht und das stattliche Beet zusammengefallen. Mittels Rechen läßt sich der geschrumpfte Hügel leicht einebnen und die humusreiche Erde im Garten verteilen.

Es ist das Verdienst von Beba-Andrä, die Idee des Hügelbeetes in den letzten Jahrzehnten erneut aufgegriffen und beschrieben zu haben. Darüber hinaus gilt es noch auf folgendes zu achten:

- Mit einem Beet lassen sich zwar gute Ernten erzielen, eine Anlage allein reicht jedoch zur Verbesserung des Gartenbodens nicht aus.
- Es müssen deshalb in bestimmten Zeitabschnitten – am besten in jedem

Die Grundlage des Hügelbeetes bildet grobes Astwerk.

Jahr eines – weitere Hügelbeete angelegt werden, mit welchen man dann durch den Garten »wandert«.

- Die Länge des Hügelbeetes richtet sich nach den räumlichen Verhältnissen im Garten sowie nach dem Anfall der organischen Substanzen im Herbst und Winter.
- Viele Abfallprobleme lassen sich auch im Sommer lösen, da gemähtes Gras, Gemüseabfälle und anderes mehr sofort zum Mulchen des Hügels verwendet werden können. Hierdurch wird nicht nur die organische Substanz vermehrt, sondern auch die Wasserführung verbessert.

Bei dem Bau eines Hügelbeetes ist folgendermaßen zu verfahren:

An einem sonnigen Platz, möglichst in Nord-Süd-Richtung (gleichmäßige Sonnenbestrahlung), wird eine Mulde von 1,40 bis 1,60 m Breite bei erforderlicher Länge spatentief ausgehoben. Der herausgeworfene Mutterboden ist sorgfältig am Rande aufzusetzen, da mit ihm das Ganze später wieder abgedeckt bzw. durchmischt wird. Die Skizze zeigt außerdem, daß zum Beschicken der Mulde und Aufsetzen des Hügels nur langsam verrottende Abfälle wie grobes Holz, allerlei Astwerk, Strünke, grobe Abfälle, gelegentlich auch Papier und Pappe, verwendet werden können.

Das Holz kommt zuunterst in die Beete (1), bleibt aber an beiden Schmalseiten soweit weg, wie die Höhe des Beetes später ausmacht: etwa 70 cm. Handelt es sich vorher um eine Grasfläche, folgen dem Holz die Grassoden umgekehrt aufgelegt (2), sowie eine Schicht Laub, vermischt mit Gartenabfällen, Brennesseln oder Krautblättern und vielem mehr. Damit später keine Hohlräume entstehen, ist das Material von Anfang an sorgfältig zu packen und gleichzeitig gut anzufeuchten. Danach folgt eine Lage organischer Dünger, oder, sofern vorhanden, unfertige Komposterde (4), welche zudem noch mit Mistwürmern bevölkert sein sollte. Die Außenschicht bildet reifer Kompost mit Gartenerde durchmischt. Gutes Anklopfen zum Abschluß fördert das Ganze.

Ist schon eine alte, »abgewirtschaftete« Anlage vorhanden, so begünstigt es die Belebung des neuen Beetes, wenn von der alten immer wieder schaufelweise Erde zugemischt werden kann. Ähnlich läßt sich mit weiteren Hilfsmitteln verfahren, welche die Substanzen anreichern und die Fruchtbarkeit fördern. Hier ist wiederum – bei der Anlage des Komposthaufens wurde bereits darüber ausführlich gesprochen – an die Beigabe von Tonmineralen wie Bentonit, aber auch Gesteinsmehlen oder Algenkalk zu denken. Steht tierischer Dünger nicht zur Verfügung, so ist nur am Anfang, also einmal, die Beigabe von Hornspänen und Knochenmehl erforderlich.

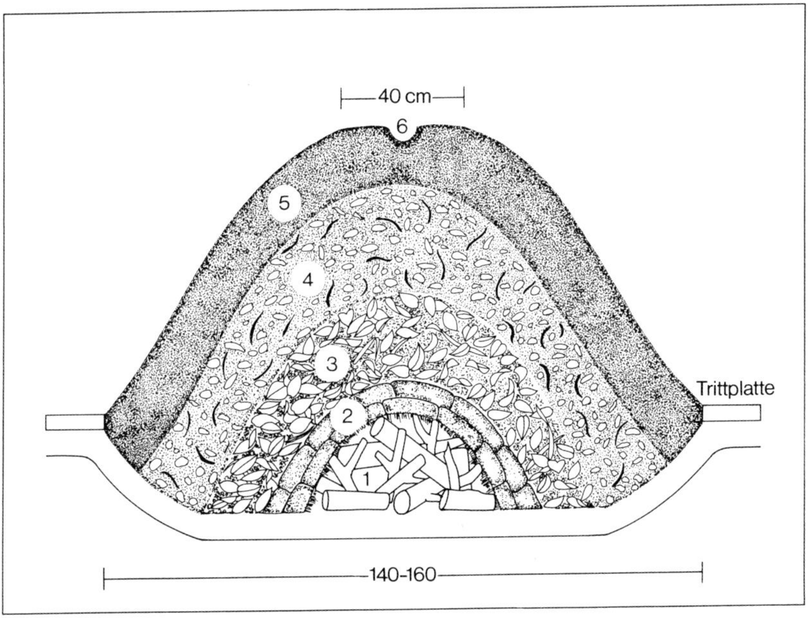

Rechte Seite: Blaukraut auf Hügelbeet und in Mischkultur.

Endivien am Fuß eines Hügelbeetes.

Die Anlage des Hügelbeetes fällt auf die Herbst- und Wintermonate. Nur so lassen sich die hier anfallenden Abfallstoffe sinnvoll verwerten und setzen sich bis zum Frühjahr ab. Eine Anfangshöhe von 1 m wird innerhalb weniger Wochen bis auf 30 cm zusammengehen. Man sollte allerdings auch hier an die Nachbarschaft denken und den wachsenden Hügel jeweils mit einer Rohrmatte oder ähnlichem abdecken. Das Ganze macht dann von Anfang an einen gepflegteren Eindruck.
Im Frühjahr sorgen die Rottevorgänge sehr schnell für die Bodenwärme, was den zeitigen Aussaaten zugute kommt. Notfalls lassen sich dann noch mit Hilfe eines Folientunnels die Spätfröste abhalten. Die Beigabe von Rottelenkern ist nicht erforderlich.
Die sperrigen Holzteile verhindern den Wassertransport innerhalb des Beetes. Die Kulturen sind deshalb auf gründliches Gießen angewiesen, wobei eine oben angelegte Rinne (6) die Arbeit erleichtert. Außerdem kann, wie schon angeführt, den ganzen Sommer über gemulcht werden. Ob sich das auch im Winter durchführen läßt, hängt von den örtlichen Gegebenheiten, insbesondere der Bodenbeschaffenheit ab. Dabei ist nicht nur an das Ungeziefer auf sandi-

Duvicker Karotten aus dem Hügelbeet, jede einzelne fast ein halbes Pfund schwer.

gen Böden zu denken, sondern auch an die Frosteinwirkung auf stark tonreichen Erden.

Viele Kulturen lassen sich auf Hügelbeeten anbauen, und die Anordnung derselben wird dem Gartenfreund bald geläufig sein.

Sind die Jahre abgelaufen, die Ertragsfähigkeit des Beetes erschöpft, so erlaubt dennoch das zurückbleibende, dicke »Erdpolster« die Anpflanzung von Dauerkulturen wie Beerensträucher, Obstbäume und anderes mehr, so daß auch für einen bescheidenen Hausgarten in der Stadt der Weg über das Hügelbeet sinnvoll und förderlich sein kann.

Nitratbelastung durch Kompost

Jahrhundertelang waren die Erträge in den Ackerbaugebieten Mitteleuropas vor allem durch den pflanzenverfügbaren Stickstoff begrenzt. Umgeben von dem nahezu unerschöpflichen – aber reaktionsträgen – Stickstoffvorkommen der Atmospäre, bleiben die Pflanzen auf den Stickstoff angewiesen, der ihnen durch die Zersetzung stickstoffhaltiger organischer Substanzen wie Mist, Kompost, aber auch aus dem Humus im Boden sowie von den luftstickstoffbindenden Bakterien, zur Verfügung gestellt wurde. Der Mangel an diesem Element war somit lange Zeit die Regel. Erst die enge Verbindung von Ackerbau und Tierzucht, eine sorgsame Mistpflege und der erweiterte Anbau stickstoffsammelnder Leguminosen ermöglichten einen ertragreichen Pflanzenbau.

In dieser Situation mußte es als ein gewaltiger Fortschritt erscheinen, als es zu Beginn des 20. Jahrhunderts erstmals gelang, in großtechnischem Umfang mit dem Haber-Bosch-Verfahren Stickstoff aus der Atmosphäre in pflanzenverfügbare Formen zu überführen. Mehrerträge in beträchtlichem Ausmaß waren zunächst die Folge.

Heute werden zunehmend die negativen Auswirkungen dieser Entwicklung deutlich: Überhöhte mineralische Stickstoffgaben im Land- und Gartenbau, eine »bodenunabhängige« Tierhaltung (mit großen Mastställen oder Käfighaltung) und den damit verbundenen Problemen die anfallenden Düngermengen sinnvoll zu verwerten. Dazu haben der großflächige Umbruch von Talauen oder Wiesen und Weiden zu Ackerland zu steigenden Nitratgehalten in Grundwasser und Nahrungspflanzen geführt.

Leicht wird übersehen, daß diese Probleme auch für die Arbeit im eigenen Garten Bedeutung haben. Zugekaufte tierische Dünger, unbedachter Umgang mit Ziegen- oder Schafmist aus eigener Haltung sowie die Einarbeitung von Gründüngungspflanzen können zur Nitratbelastung beitragen. Weiterführende Kenntnisse und ein besseres Verstehen dieser Thematik sind deshalb erforderlich.

Nitrat als Bestandteil des Stickstoffkreislaufs im Boden

Um der Gefahr der Nitratanreicherung in Gemüse und Grundwasser wirksam begegnen zu können, ist es notwendig zu wissen, unter welchen Bedingungen Nitrat entsteht und welche Wege es im Naturkreislauf nimmt. Nitrat (NO_3) ist ein aus drei Sauerstoff- (O) und einem Stickstoffatom (N) bestehendes Ion. Es gelangt entweder direkt bei der Ausbringung leichtlöslicher mineralischer Stickstoffdünger in den Boden oder wird nach der Zersetzung stickstoffhaltiger organischer Substanz frei. Nitrat ist wasserlöslich und unterliegt, da es im Boden keine Speichermöglichkeit für diese Stickstofform gibt, der Verlagerung durch den Wasserstrom, in unserem Klimabereich der Auswaschung in das Grundwasser. Es sei denn, es wird von den Mikroorganismen im Boden und den Pflanzen aufgenommen und organisch gebunden. Der Kunst des Landwirts und Gärtners obliegt es deshalb, die Umsetzungsvorgänge (Mineralisierung) der organischen Sub-

stanzen so anzuregen, daß eine für Mikroorganismen- und Pflanzenernährung ausreichende Nitratmenge gebildet wird, ohne einen Nitratüberschuß zu verursachen.
Die eigentliche Quelle und zugleich das wichtigste Speicherorgan für den pflanzenverfügbaren Stickstoff ist der Humus. Bei seinem Abbau durch die Bodenorganismen entsteht Ammonium und später Nitrat. Beide werden von den Pflanzenwurzeln aufgenommen und zum Aufbau stickstoffhaltiger organischer Substanz (z.B. Eiweiß) verwandt. Stirbt die Pflanze später ab, so wird sie von Mikroorganismen teilweise mineralisiert – wobei wiederum Ammonium und Nitrat frei werden – oder aber zu Humuskörpern umgebaut. Diese unterliegen in geringen Raten ebenfalls der Zersetzung (Mineralisation) und liefern somit die zum Pflanzenwachstum notwendigen Sauerstoffverbindungen.
Sowohl die Nitratbildung (durch Abbau organischer Substanz), als auch die Nitrataufnahme (infolge von Pflanzenwachstum) sind biologische Prozesse. Sie werden durch Größen wie Feuchtigkeit, Wärme, pH-Wert oder Kohlendioxid- und Sauerstoffangebot und vieles mehr gesteuert. Im Idealfall befinden sich die Auf- und Abbauvorgänge im Gleichgewicht. Erst die einseitige Betonung der Nitratanlieferung (durch Verwendung leichtlöslicher mineralischer Stickstoffdünger oder übermäßiger Ausbringung von stickstoffhaltigen organischen Substanzen wie Kompost und Mist), oder aber die mangelhafte Nitrataufnahme (etwa bei fehlendem Pflanzenbewuchs) führen zu unerwünschter Nitratanreicherung. Erhöhte Werte in Pflanzen und Grundwasser sind dann die Folge.

Kompostbereitung und Nitratauswaschung

Die Kunst des Kompostierens besteht auch darin, den in der organischen Substanz (tierische Dünger, Gründüngungspflanzen, frische Garten- oder Küchenabfälle) enthaltenen Stickstoff weitestgehend zu erhalten und im folgenden Jahr den Kulturpflanzen wieder zur Verfügung zu stellen. Unter dem Eindruck zunehmender Nitratverluste (durch Auswaschung) in das Grundwasser stellt sich die alte Forderung mit besonderer Dringlichkeit.
Grundsätzlich bestehen während der Kompostierung zwei Möglichkeiten Stickstoff zu verlieren: Die Austreibung gasförmiger Verbindungen aus der Kompostmiete und die Auswaschung wasserlöslicher Stickstofformen. Gasförmige Stickstoffverluste, die zunächst vornehmlich als Ammoniak (NH_3), später auch in Form von Stickoxiden (NO_X) auftreten, lassen sich durch sorgfältiges Aufsetzen und gründliches Mischen der Ausgangsmaterialien vermeiden. Das Ausmaß der Nitratauswaschung unter Mieten ist abhängig von dem jeweiligen Nitratgehalt des Kompostes und dem austretenden Sickerwasser. Maßnahmen zur Begrenzung dieser unerwünschten Gegebenheiten müssen deshalb darauf abzielen, daß größere Mengen leichtlöslicher Stickstoffverbindungen und ein hoher Sickerwasseranfall nicht gleichzeitig auftreten. Deshalb sind schon bei

der Wahl und Anlage des Kompostplatzes folgende Maßnahmen zu ergreifen.

1. Anlage des Kompostplatzes im Hinblick auf die Nitratauswaschung:

- Es ist ein fester Untergrund zu wählen. Das Überstäuben des Platzes mit feinen Tonmehlen (Bentonit) verschließt die Bodenporen und verhindert den Abfluß in das Erdreich.
- Sickerwasser darf niemals oberirdisch abfließen und Gräben, Wasserläufe oder gar Quellgebiete erreichen.
- In Wasserschutzgebieten muß durch die Anlage einer Ablaufrinne mit Auffanggrube jedweder Abfluß von Sickerwasser in das Erdreich verhindert werden.

2. Reduzierung der Sickerwassermenge: Sie setzt sich aus dem Sickersaft, den jeweiligen Niederschlägen und dem in die Miete eindringenden Oberflächenwasser, abzüglich des Wasserhaltevermögens der aufgesetzten Substanzen, zusammem.

- Das Austreten größerer Sickersaftmengen aus der Kompostsubstanz kann durch eine sorgfältige Kompostierung (Seite 54f.) begrenzt werden. Besteht dennoch die Gefahr, so kann eine Schicht Stroh oder Sägespäne – unter der Miete ausgebracht – hilfreich sein.
- Das Eindringen größerer Niederschlagsmengen wird durch die Korrektur der Mietenform (Seite 57), Abdeckung mit Stroh- oder Mulchmaterial und notfalls durch Verwendung einer windsicheren, wasserdichten Folie reduziert. Letztere sollte allerdings erst nach der ersten heißen Rottephase aufgelegt werden und – um den Luftaustausch zu gewährleisten – einige Zentimenter über dem Boden enden.
- Das Wasserhaltevermögen des aufgesetzten Materials wird sich allerdings durch den Zusatz von saugfähigen Substanzen – also trockenen Gartenabfällen jedweder Art – nur unwesentlich erhöhen lassen.

3. Beeinflussung der Nitratbildung während der Rotte: Die Nitratmenge, welche während der Kompostierung gebildet und möglicherweise ausgewaschen wird, ist vom Verlauf des Rotteprozesses und von der Art des aufgesetzten Materials abhängig.

- Bei dem zur Kompostierung bestimmten Material ist vor allem auf ein ausgeglichenes C-N-Verhältnis zu achten (Seite 45). Sehr stickstoffreiche Substanzen wie Mist, Horn- oder Blutmehl sind deshalb mit leicht abbaubaren kohlenstoffhaltigen Materialien zu mischen. Weiterhin empfiehlt sich der Zusatz von Bentonit oder tonreichen Erden, um überschüssiges Ammonium zu sorbieren und somit dessen Umwandlung in Nitrat zu verzögern. Tiefstallmist, der u. U. auch dem Hausgärtner von Schaf und Ziege zur Verfügung steht, sollte bereits vor dem Aufsetzen mehrmals mit Basaltmehl überstäubt und mit den Kompostpräparaten sowie reifer Komposterde (aus dem Vorjahr) »geimpft« werden.
- Bei der Lenkung des Rotteprozesses gilt es vor allem, zu hohe Anfangstemperaturen zu vermeiden (Seite 61) und den Aufbau dunkler, dauerhafter Humussubstanzen – etwa durch einmaliges Umsetzen – zu för-

dern. Nasse, dichte und somit luftarme Mieten bergen die Gefahr hoher gasförmiger Stickstoffverluste in sich.

Nitratprobleme durch Kompostanwendung

Das C-N-Verhältnis reifer Komposte liegt – je nach Ausgangsmaterial und Rotteverlauf – zwischen 10 und 20. Dabei ist zu beachten, daß während des Umsetzungsvorganges organische Substanz durch die Bodenorganismen umgewandelt, also ab-, um- und aufgebaut wird. Als Abbauprodukt entsteht dabei unter anderem Kohlendioxid (CO_2), das gasförmig entweicht, dagegen werden beim Aufbau humusähnliche Stoffe gebildet. Dieser Prozeß setzt Energie frei und führt in der Anfangsphase der Rotte – in den ersten 10 bis 14 Tagen – zu der bekannten starken Erwärmung der Miete. Im Verlauf der Umsetzung entweicht mehr Kohlenstoff (C) als Stickstoff (N) aus dem Haufen, weshalb das C-N-Verhältnis im Laufe der Kompostierung enger wird. Ausgereifte Erden enthalten deshalb, auch wenn sie anfänglich nur über geringe Anteile leichtlöslicher Stickstoffverbindungen verfügen, relativ hohe Stickstoffmengen (1 bis 2% der Trockenmasse). Man sollte deshalb bedenken, daß selbst kleine Kompostgaben nachhaltig wirken können und die Gaben hinsichtlich Höhe und Zeitpunkt der Ausbringung dem Pflanzenwachstum angepaßt sein müssen. Frische und »junge« Substanzen enthalten – besonders wenn sich die Miete gerade in der Mineralisierungsphase befindet – oft größere Mengen leichtverfügbarer Stickstoffverbindungen, während bei reifen Komposten die Nährstoffe stärker im Dauerhumus eingebunden sind (Seite 22). Der Gärtner wird in jedem einzelnen Fall entscheiden müssen, wo und in welcher Menge die verfügbaren Komposterden verwandt werden können.

Dabei ist das Ausmaß der Nitratbelastung von Gemüse und Grundwasser nicht allein von der Nitratanlieferung abhängig. Viele Faktoren spielen eine Rolle, und einige bedürfen bei der Ausbringung besonderer Beachtung:

- Verschiedene Nahrungspflanzen reichern das Nitrat sehr unterschiedlich an. Arten wie Spinat, Kopf- und Feldsalat, Endivie, Rote Bete, Rettich und Radieschen sowie Fenchel und Chinakohl können – je nach Jahreszeit – beträchtliche Mengen davon speichern. Dies ist bei der Düngung zu berücksichtigen.
- Die Nitratbelastung des Grundwassers zeigt offenbar, sofern die wenigen Untersuchungen zu diesem Zeitpunkt schon eine Aussage erlauben, deutlich jahreszeitlich bedingte Spitzenwerte. In den Frühjahrs- und Herbstmonaten finden, bei oftmals geringem Pflanzenwachstum, hohen Niederschlägen und mäßig-warmen Temperaturen, die größten Auswaschungen statt. Von diesem Gesichtspunkt aus ist die Düngung heranwachsender Kulturen am unbedenklichsten.
- Auch die Bodenart, also die Frage, ob es sich überwiegend um sandige, lehmige oder tonige Standorte handelt, sollte bei der Kompostdüngung Be-

rücksichtigung finden. Sandige Böden besitzen einen hohen Anteil an Grobporen, die, in der Regel mit Luft ausgefüllt, eine intensive Umsetzung der organischen Substanz und damit die Nitratbildung fördern. Der rasche Wasserabfluß bei Regenwetter führt dann zu verstärkten Auswaschungen. Kleine und häufigere Kompostgaben sind deshalb zu bevorzugen.

Die Fragen der Nitratbelastung in Ernährung und Umwelt sind heute weltweit bekannt, Gesetze und Verordnungen der Bundesländer zu ihrer Begrenzung die ersten Folgen. Dazu hat die Europäische Gemeinschaft für die nächsten Jahre Richtwerte zum Nitratgehalt im Trinkwasser festgelegt, die nur mit verstärkten Bemühungen eingehalten werden können. Die Entwicklung der modernen Landwirtschaft, Garten- und Obstbau eingeschlossen, hat dazu geführt, daß ein ganzer Berufsstand zu den Verursachern dieser Belastungen zählt. Deutliche Korrekturen hinsichtlich der Verwendung stickstoffhaltiger Düngungsmittel werden sich deshalb nicht vermeiden lassen. Im Gegenteil: sie sind sofort erforderlich. Davon wird die Arbeit im Garten nicht unberührt bleiben. Auch der Hausgärtner und Gartenfreund sollte sich deshalb mit diesen Fragen auseinandersetzen. Die Natur wird es ihm danken.

Weiterführende Maßnahmen

Die Ausführungen haben deutlich gemacht, welche Bedeutung der Kompostierung im Land- und Gartenbau zukommt. Mit der Anwendung nahrhafter Erden im Garten ist es jedoch allein nicht mehr getan. Die Ungleichgewichte im Nährstoffhaushalt der Böden, viele Einseitigkeiten im Anbau – man denke nur an die ungenügende oder oft ganz fehlende Fruchtfolge und die Kultur anspruchsvoller Züchtungen – haben zu Gefahren geführt, denen es immer wieder zu begegnen gilt. Kommen noch extreme Witterungsbedingungen hinzu, so werden die verschiedensten Maßnahmen notwendig, die in weiterführenden Schriften studiert und bei Betriebsbesichtigungen und Gartenrundgängen wahrgenommen werden sollten.

Neben der Verwendung von Erden ist hier an erster Stelle die Frage nach den Nährstoffgehalten im Boden und in den Mieten zu nennen. Sie wird immer wieder mit vollem Recht gestellt, läßt sich jedoch allgemein nur ungenügend beantworten. Es gibt Richtwerte und »Faustregeln«, an denen sich der geschulte Gärtner orientieren kann (die wenigen, zudem noch schwankenden Zahlen sagen dem Gartenfreund nichts). Hier läßt sich mit ausgeglichenen C-N-Werten, eigenen Erfahrungen im Umgang mit Abfallstoffen und reifen Erden sowie mit den Zuschlagstoffen im rechten Mischungsverhältnis schon einiges erreichen.

Ungleichgewichte im Boden verursacht zunehmend der »saure Regen«. Extreme Ton- oder arme Sandböden erfordern besondere Aufmerksamkeit. Deshalb muß in den Gärten, besonders aber in Obstanlagen oder bei Sonderkulturen (Erdbeeren, Spargel und andere mehr) von Zeit zu Zeit überprüft werden, ob die bisherigen Düngemaßnahmen ausreichend sind, oder weitere ergriffen werden müssen. Mit Hilfe recht einfacher Testmethoden – als Beispiel sei der »Calcitest« genannt – kann sich der Hausgärtner schon weiterhelfen, wenn auch eine Bodenuntersuchung (mit etwa 10 Analysenwerten), von Zeit zu Zeit durchgeführt, einen besseren Überblick vermittelt.

Treten Mängel, zum Beispiel in der Kalk- oder Kaliversorgung, auf, sollten die Düngemittel nur in Ausnahmefällen direkt auf die Beete gestreut werden. Der Weg über die Kompostmiete ist immer der beste. Die Stoffe werden nicht nur intensiver und schneller in die Lebensprozesse eingeführt, man kommt auch mit weniger aus. Dazu sind die leichten Sandböden für geringe Tonbeigaben dankbar, tonhaltige Erden sprechen auf Lava- oder Basaltmehl gut an.

Aber auch das Gegenteil ist zu beobachten. Viele passionierte Gartenfreunde haben in den letzten Jahrzehnten Böden und Kulturen maßlos überdüngt, was zum Beispiel zu extrem hohen Werten bei der Phosphorversorgung geführt hat. Der notwendige Ausgleich läßt sich dann über den Kompost allein nicht erreichen, vielmehr müssen weitere Maßnahmen wie die Einsaat von Gründüngung, Mulchen und anderes mehr eingesetzt werden.

Komposterden fördern und stärken das Pflanzenwachstum, so daß der Pilz- und Schädlingsbefall in vielen Jahren an Bedeutung verloren hat. Bei ungewöhnlichen Witterungsabläufen können jedoch Gefahren auftreten (bei Trockenheit sind es mehr die Insekten, bei Nässe Pilze), denen es mit naturgemäßen Mitteln zu begegnen gilt. Bei rechtzeitiger Anwendung läßt sich mit Kräuterbrühen, Aufgüssen (Brennessel, Ackerschachtelhalm und andere mehr) und Algenkonzentraten manches erreichen. Sie wirken belebend und kräftigend auf die Kulturen, verhüten oder mildern eingetretene Schäden. Dabei kann selbst die Brennessel überall als Droge käuflich erworben werden, die einschlägigen Fachgeschäfte haben sich darauf eingestellt.

Einen besonderen Raum nehmen die biologisch-dynamischen Präparate ein, welche nicht nur als Rottelenker zum Einsatz kommen, sondern mit den Feldpräparaten »Hornmist« und »Hornkiesel« unter anderem die Bodenfruchtbarkeit fördern, das Pflanzenwachstum stärken und die Qualität der Produkte verbessern.

Empfehlungen, in denen die Fruchtfolge im Hausgarten noch immer als bedeutungslos hingestellt wird – man kann ja (angeblich!) mit Chemikalien und Düngergaben alles regulieren – sind nicht mehr ernst zu nehmen. Auf diese Weise verlieren die besten Komposterden ihre gesundheitsfördernde und heilende Wirkung, vermehrte Wachstumsstörungen und zunehmender Schädlingsbefall sind die Folge. Es sollte deshalb nicht nur zwischen Stark- und Schwachzehrern unterschieden werden, die Gliederung zwischen Wurzel-, Blatt- und Fruchtgemüse ist ebenfalls zu beachten. Darüber hinaus bieten die Mischkulturen ein reiches Übungsfeld. Hier kann noch viel getan und manches erprobt werden.

Die Pflege der Böden wird gestützt und ergänzt durch eine naturgerechte Gartengestaltung, die Anlage von Hecken und Baumgruppen, Rasenflächen und Blumenrabatten. Den Lebewesen im Boden tritt damit das Getier der Umgebung zur Seite, findet in der Hecke Nahrung und Unterschlupf. Beide fördern und ergänzen sich gegenseitig. Darüber hinaus wird durch die Heckenpflanzung die bodennahe Luftschicht (Kohlendioxidausatmung) verbessert, die Verdunstungsgeschwindigkeit herabgesetzt, was in Trockenlagen den Bodenorganismen zugute kommt, und die Luft besser erwärmt (bis zu 2 °C mehr).

Gelingt es dem Gärtner, diese Maßnahmen schrittweise zu realisieren, so schließen sich die einzelnen Handhabungen zu einem Ganzen zusammen und bilden einen Organismus im lebendigen Naturwachstum, eine »Lebenseinheit höherer Ordnung«, die von Thienemann Anfang dieses Jahrhunderts erstmals erwähnt und von Steiner in den zwanziger Jahren erweitert und in die Arbeit des Land- und Gartenbaus eingebracht worden ist.

Ausblick

In seiner Dichtung aus dem Jahr 1772 »Die Natur« schreibt Goethe:

»Ihr Schauspiel ist immer neu, weil sie immer neue Zuschauer schafft. Leben ist ihre schönste Erfindung, der Tod ist ihr Kunstgriff, viel Leben zu haben.«

Der Dichter wird hier zum Naturwissenschaftler, indem er mit der ihm eigenen »anschauenden Urteilskraft« auf die Vorgänge in der Natur, die Ab- und Aufbauprozesse hinweist. Er tut dies in bejahendem Sinn und lebensbejahend kann auch nur die Arbeit des Landwirts und Gärtners im Umgang mit der Natur sein.
Die vorliegende Arbeit hat sich mit den Fragen der Kompost- und Erdbereitung beschäftigt. Damit ist nicht nur handwerkliches Können sondern ebenso die Aufforderung verbunden, nicht im Anblick des Vergehenden zu verweilen, sondern überall mit dem Aufbau der Bodenfruchtbarkeit zu beginnen. Die Möglichkeiten dazu bieten sich vielerorts und die technischen Voraussetzungen sind denkbar günstig. Maschinen und Geräte ersetzen schwere körperliche Arbeit, zerkleinern und transportieren die pflanzlichen und tierischen Abfallstoffe; Silo und Tonne beschleunigen die Rotte, der Kompostplatz vereinigt und verbindet alles. Dazu verbessern und ergänzen Mineralien und Erden die Abfälle, die Rottelenker sorgen für einen raschen Ablauf der Umsetzungsvorgänge.
Damit eröffnet sich eine Fülle neuer Möglichkeiten. Die Erdbereitung findet nicht mehr in vernachlässigten Ecken von Gärten, alten Baumwiesen und Bauernhöfen statt, sie wird zur Gabe und Aufgabe für viele Menschen in allen Teilen dieser Erde.

Gewiß sind die meisten Methoden in gemäßigten Klimazonen entwickelt worden; die vier Jahreszeiten mit dem einprägsamen Ablauf vom Frühjahr bis zum Herbst, vom Sommer bis zum tiefen Winter lassen das Sprießen und Sprossen, das Werden und Vergehen immer wieder deutlich werden. Doch diese Bereiche sind in der Minderzahl, in vielen Ländern der Erde gibt es nur drei oder gar zwei Jahreszeiten mit ihren charakteristischen Eigenarten. Daraus erwachsen Aufgaben, überall die Fragen der Erdbereitung und des Substanzaufbaus neu zu fassen.
Die Arbeiten müssen jedoch getan und in steter Konsequenz durchgeführt werden. Diese Bedingungen erfüllt der Gärtner und Gartenfreund oft tagtäglich. Er kann damit in aller Bescheidenheit zum Lehrmeister vieler Menschen werden. Denn die Humuserhaltung allein genügt heute nicht mehr. Der Wiederaufbau der ausgeplünderten und zerstörten Böden ist an vielen Orten erforderlich. Der Kompost im Garten stellt für diesen Neubeginn den ersten, aber wirksamen Anfang dar. Er sollte genutzt werden.

Bezugsquellen

Bodenuntersuchungen

Dr. Fritz Balzer, Labor für Bodenuntersuchungen und Spurenmetall-Analytik, Oberer Ellenberg 5, 3551 Amönau

Institut für biologisch-dynamische Forschung, Brandschneise 5, 6100 Darmstadt

Dr. Volker Rusch, Institut für mikrobiologische Bodenuntersuchung, Reutersberg, 6348 Herborn/Dillkreis

Organische Düngemittel

Bosch-Düngemittel, Industriegebiet, 7407 Rottenburg am Neckar

Fa. Cohrs-GmbH, Postfach 1165, 2720 Rotenburg/Wümme

Günther, Cornufera GmbH, Weinstraße 19, 8520 Erlangen-27

Manna-Düngerwerk, Wilhelm Haug GmbH & Co.KG, 7403 Ammerbuch-2, Pfäffingen

Oscorna-Dünger-GmbH, Postfach 4267, 7900 Ulm

Mineralische Düngemittel
(Gesteinsmehl, Algenkalke)

Bio-Agrar GmbH, Probststraße 31, 7505 Ettlingen (Algomin)

Biofa, Stuttgarter Straße 45/1, 7430 Metzingen

Fa. Cohrs-GmbH, Postfach 1165, 2720 Rotenburg/Wümme

Hauri KG, Sonnenhalde 6, 7805 Bötzingen

Lava Union, Kölnstraße 22, 5485 Sinzig/Rhein

Nordbayerische Basaltunion, Keltenstraße 7, 8700 Würzburg-25

Snoek, Postfach 10, 8996 Opfenbach

Kompostierungsmittel

Biologisch-dynamische Kompostpräparate, erhältlich über die Arbeitsgemeinschaft für biologisch-dynamische Wirtschaftsweise, die örtlichen Berater des Forschungsringes oder über das Institut für biologisch-dynamische Forschung, Brandschneise 5, 6100 Darmstadt

Krafft von Heynitz, Mathystraße 34, 7530 Pforzheim

Weitere Adressen siehe Seite 66/67

Wurmzuchten

Angst, Gryphiusweg 15, 6800 Mannheim-31

Eisenia GmbH, Kapellenstraße 25, 6200 Wiesbaden

Hartmann, Am Vobbenberg 1, 4791 Lichtenau

Häcksler

AS-Motor GmbH & Co KG, Lindenstraße 1, 7163 Oberrot

Gloria-Werke, H. Schulte-Frankenfeld GmbH & Co., Postfach 1160, 4724 Wadersloh/Westf.

Lescha, Leonard Schmid KG, Postfach 102540, 8900 Augsburg-1

Möschle GmbH, 7601 Ortenberg-18/ Baden

Neudorff GmbH KG, Postfach 1209, An der Mühle 3, 3254 Emmerthal-1

Erdaufbereitungsmaschinen

Rapido, Ernst Schwarz GmbH & Co KG, Maschinenfabrik, 7297 Alpirsbach

Maschinenfabrik Simon Möhringer, Simon-Möhringer-Straße 4, 8714 Wiesentheid

Kompostbehälter

Ing. G. Beckmann KG, Simoniusstr. 10, 7988 Wangen/Allgäu

Bio-Gartenmarkt Keller, Inh. Albert Kiefer, Konradstraße 17, 7800 Freiburg

Fa. Cohrs-GmbH, Postfach 1165, 2720 Rotenburg/Wümme

Neudorff GmbH KG, Postfach 1209, An der Mühle 3, 3254 Emmerthal

Literaturverzeichnis

Abele, U.: Untersuchungen des Rotteverlaufs von Gülle bei verschiedener Behandlung und deren Wirkung auf Boden, Pflanzenertrag und Pflanzenqualität. Institut für Biologisch-Dynamische Forschung, Darmstadt 1976.

Aubert, C.: Organischer Landbau. Verlag Eugen Ulmer, Stuttgart 1981.

Beba, H., Andrä, H.: Hügelkultur. Waerland Verlagsgenossenschaft, Mannheim 1975.

Bockemühl, J.: Vom Leben des Komposthaufens. Elemente der Naturwissenschaft 29, 1978.

Brauner, H.: Die wissenschaftlichen Grundlagen des organisch-biologischen Landbaus. Fördergemeinschaft organisch-biologischer Landbau, Heiningen 1980.

Breda, E., Heinze, H., Schaumann, W.:Zielsetzungen und Wege der Biologisch-Dynamischen Wirtschaftsweise in der gegenwärtigen Situation der Weltwirtschaft. Forschungsring für Biologisch-Dynamische Wirtschaftsweise, Darmstadt 1975.

Bruce, M. E.: Gartenglück durch Schnellkompost, Waerland Verlag, Mannheim 1955.

Caspari, F.: Fruchtbarer Garten. Wirtschaftsverlag Klug, München 1964.

Cloos, W.: Lebensstufen der Erde. Novalis Verlag, Feiburg 1958.

Cloos, W.: Was heißt eigentlich »düngen«? Corna-Werk Ulm, o. J.

Dähler, F.: Praktische Anleitung zum organisch-biologischen Landbau.

Landbauschule für organisch-biologische Wirtschaftsweise, Großhöchstetten (Schweiz) 1974.

Dunger, W.: Tiere im Boden, Die Neue Brehm-Bücherei. Verlag A. Ziemsen, Wittenberg 1964.

Eichenberger R., Henggeler, S., Schmid, O., Vogtmann, H.: Das Jahr im biologischen Garten. Verlag Eugen Ulmer, Stuttgart 1983.

Engqvist, M.: Physische und lebensbildende Kräfte in den Pflanzen, ihre Widerspiegelung im Kupferkristallbild. Verlag Vittorio Klostermann, Frankfurt/Main 1975.

Francé, R. H.: Das Leben im Boden. Das Edaphon. Edition Siebeneicher, Volkswirtschaftlicher Verlag München, o. J.

Franck, G.: Gesunder Garten durch Mischkultur. Südwestverlag, München 1980.

Fürst, L.: Untersuchungen zur Erzeugung von Qualitätsobst. Versuchsbericht A N O G, 1965–67.

Fürst, L.: Nährstoffwerte aus kompostiertem Stallmist mit verschiedenen Impfstoffen behandelt. freie Briefe für naturgemäßen Qualitätsobstbau 36, Paderborn 1966.

Gottschall, R.: Kompostierung. Verlag C. F. Müller, Karlsruhe 1985, 2. Aufl.

Graf, J.: Tierbestimmungsbuch. Verlag J. F. Lehmann, München 1961.

Graf-Rösli, R.: Darstellung verschiedener biologischer Landbaumethoden und Abklärung des Einflusses kosmischer Konstellationen auf das Pflanzenwachstum. Dissertation, Zürich 1977.

Graff, O.: Die Regenwürmer Deutschlands. Verlag M. u. H. Schaper, Hannover 1953.

Grohmann, G.: Metamorphosen im Pflanzenreich. Verlag Freies Geistesleben, Stuttgart 1977.

Grone-Gültzow, J.: Wie verhält sich der Regenwurm zu biologisch gedüngtem Boden, Gäa Sophia Bd. 4, Landwirtschaft, Dornach 1929.
Hagel, I.: Untersuchungen zur Strahlungswirksamkeit der biologisch-dynamischen Kompostpräparate. Lebendige Erde, 3/4, 95/130, 1981.
Haller, A. v.: Die Wurzeln der gesunden Welt. Verlag Boden und Gesundheit, Langenburg 1976.
Haller, W. v.: Der Gärtnerhof. Verlag Boden und Gesundheit, Langenburg 1974.
Haller, W. v.: Die Wurzeln der gesunden Welt. Band II: Dokumentation. Verlag Boden und Gesundheit, Langenburg 1978.
Hanke, K.: Bodenbedeckung und Oberflächenkompostierung. In: v. Heynitz, K, Merckens, G.: Das Biologische Gartenbuch. Verlag Eugen Ulmer, Stuttgart 1987
Hartmann, O. J.: Die Gestaltstufen der Naturreiche. Verlag Die Kommenden, Freiburg 1967.
Heinze, H.: Vom Biologisch-Dynamischen Prinzip. Lebendige Erde, 45, 105, 151, 1965. Vom ökologischen Aspekt des landwirtschaftlichen Kurses. Lebendige Erde, 45, 1968.
Heinze, H., Breda, E.: Versuche über Stallmistkompostierung. Lebendige Erde 2, 3–10, 1962.
Hemleben, J.: Rudolf Steiner. Rowohlt Monographien, Hamburg 1963.
Heynitz, K. v., Merckens, G.: Das biologische Gartenbuch. Eugen Ulmer Verlag, Stuttgart 1987, 5. Auflage.
Howard, A.: In Pharmacy of the Future. The Pharmaceutical Journal, 1933.
Howard, A.: Mein landwirtschaftliches Testament. Verlag Siebeneicher, Berlin, Frankfurt 1948 (Edition Siebeneicher, Volkswirtschaftl. Verlag, München 1979).
Knoll, K.-H.: Müll- und Abfallbeseitigung. Müll-Handbuch, Schmidt Verlag, Berlin 1965, 1968.
Könemann E.: Neuzeitliche Kompostbereitung. Bionomica und Waerland Verlag – EG, Mannheim 1981.
Koepf, H., Pettersson, B., Schaumann, W.: Biologisch-Dynamische Landwirtschaft. Verlag Eugen Ulmer, Stuttgart 1980.
Kolisko, L., E.: Die Landwirtschaft der Zukunft. Verlag Meier und Co., Schaffhausen (Schweiz)1939.
Laatsch, W.: Dynamik der Mitteleuropäischen Mineralböden. Verlag Theodor Steinkopff, Dresden und Leipzig 1954.
Liebig, J. von: Über den Materialismus. 23. Chemischer Brief. C. F. Wintersche Verlagsbuchhandlung. Leipzig 1865; abgedruckt in Lebendige Erde 5, 189–196, 1959.
Lindner, U.: Der Hausgarten biologisch. Verlag Eugen Ulmer, Stuttgart 1987.
Lippert, F.: Vom Nutzen der Kräuter im Landbau, Forschungsring für Biologisch-Dynamische Wirtschaftsweise, Darmstadt 1953.
Lust, V.: Biologischer Obst- und Gemüsebau. Verlag Eugen Ulmer, Stuttgart 1987.
Menke, G.: Einfluß der Schnellkompostierung von Müll auf Erreger von Pflanzenkrankheiten. Zeitschrift für Pflanzenkrankheiten und Pflanzenschutz 78, 2, 1971.

Mücke, Karl-Heinz: Der Intensivgarten. Südwest Verlag. München 1981.
N. N.: Biologisch-Dynamischer Land- und Gartenbau. Band 1: Grundlagen - Durchführung - Erfahrungen - Bedeutung. Band 2: Berichte aus der Forschung. Verlag Forschungsring für Biologisch-Dynamische Wirtschaftsweise, Darmstadt 1973.
N. N.: Test. Stiftung Warentest, 54, 2, 83, Berlin.
Pfirter, A., Hirscheydt, A. v., Ott, P. R., Vogtmann, H.: Kompostieren. Verlag Genossenschaft Migros, Aargau/Solothurn 1982.
Pelka, P.: Das Nachbarrecht in Baden-Württemberg, Verlag Eugen Ulmer, Stuttgart 1988.
Pfeiffer, E.: Die Düngerpräparate der biologisch-dynamischen Wirtschaftsweise; Analysen und Beeinflussung der Stallmistkompostierung. Forschungsring für Biologisch-Dynamische Wirtschaftsweise Darmstadt 9–28, 1948.
Pfeiffer, E.: Anleitung für die Kompostfabrikation aus städtischen und industriellen Abfällen. Verlag Gustav Fischer, Stuttgart 1956.
Pfeiffer, E.: Eine qualitative chromatographische Methode zur Bestimmung biologischer Werte. Lebendige Erde 5/6, 205/241, 1959.
Pfeiffer, E.: Die Fruchtbarkeit der Erde. Verlag R. Geering, Dornach 1969.
Pfeiffer, E., Riese, E.: Der erfreuliche Pflanzgarten. Phil.-Anthrop. Verlag, Dornach 1979.
Preuschen, G.: Der ökologische Landbau heute und morgen. Verlag Heinrich Schwab, Argenbühl Egolfstal 1980.
Preuschen, G.: Kontrolle der Bodenfruchtbarkeit – Anleitung zur Spatendiagnose. IFOAM So Nr. 2 Stiftung Ökologischer Landbau, Kaiserslautern.
Remer, N.: Organischer Dünger. Seine Handhabung nach Hinweisen von Dr. Rudolf Steiner. Bauck-Hof, Amelinghausen 1980.
Rohde, G.: Lehrbuch der natürlichen Kompostierung. Deutscher Bauernverlag, Berlin 1957.
Rohde, G.: Flächenkompostierung der Natur. Beiheft zur Hochschulbilderreihe, Deutsches Zentralinstitut für Lehrmittel, O. J.
Rübensam, E., Rauhe, K.: Ackerbau. VEB Deutscher Landwirschaftsverlag, Berlin 1968.
Rusch, H. P.: Zur Biologie der Kompostierung. Nellys Kalender 52. Verlag Emil Hartmann-Imhof, Küsnacht-Zürich 1952.
Rusch, H. P.: Der lebende Garten. Vaterland Schriftenreihe 5, Heiligenhaus 1963.
Rusch, H. P: Bodenfruchtbarkeit, eine Studie biologischen Denkens, Verlag K. F Haug, Heidelberg 1978.
Sattler, F, Wistinghausen, E. v.: Der landwirtschaftliche Betrieb. Verlag Eugen Ulmer, Stuttgart, 1983.
Scharpf, H.-Ch.: Die Auswirkung der organischen Dünger auf das Abwehrpotential des Bodens gegen bodenbürtige Schadenerreger im Gemüsebau. Hessische Lehr- und Forschungsanstalt für Wein-, Obst- und Gartenbau, Geisenheim 1971.
Scheffer, F, Ulrich, B.: Lehrbuch der Agrarkulturchemie und Bodenkunde. Verlag Enke, Stuttgart 1962.

Schroeder, D.: Bodenkunde in Stichworten. Verlag Hirt, Kiel 1978.
Seifert, A.: Gärtnern, Ackern – ohne Gift. Biederstein Verlag München 1976.
Seifert, A.: Kompostwirtschaft im großen Garten. Sonderdruck Verlag Lebendige Erde 1, 1969.
Sekera, F.: Gesunder und kranker Boden. L. Stocker Verlag, Graz, o. J.
Siebeneicher, G.: Neues großes Gartenlexikon. Südwest Verlag München 1973.
Spohn, E.: Abfallbeseitigung durch Kompostieren. Lebendige Erde 4, 172, 1964.
Spohn, E.: Schnellprüfung von Kompostreife. Lebendige Erde 1, 35, 1981.
Steiner, R.: Geisteswissenschaftliche Grundlagen zum Gedeihen der Landwirtschaft. Rudolf Steiner Verlag. Dornach 1975.
Steiner, R.: Goethe's Weltanschauung. Verlag Rudolf Steiner Nachlaßverwaltung, 5. Auflage. Dornach 1961.
Thies, H.: Anlage einer Wurmzucht. Gartenrundbrief 78, 7, 1972.
Trolldenier, C.: Bodenbiologie – Die Bodenorganismen im Haushalt der Natur. Kosmos Studienbücher, Franckh'sche Verlagshandlung, Stuttgart 1971.
Vogtmann, H.: Umweltschutz im Garten. Neuform Verlag 1981.
Voisin, A.: Grundgesetze der Düngung. BLV, München–Basel–Wien 1966.
Wachsmuth, G.: Erde und Mensch, ihre Bildekräfte, Rhythmen und Lebensprozesse. Phil.-Anthrop. Verlag, Dornach 1965.
Wehrmann, J., Scharpf, H.-Ch.: Nitrat in Grundwasser und Nahrungspflanzen. AID 136/1984.
Wistinghausen, E. von: Der Einfluß des Bodens und der Düngung auf Möhren und Rote Bete. Lebendige Erde 4, 138, 1973.
Zimmermann, W.: Steine geben Brot. Verlag E. O. Cohrs, Rotenburg/Wümme 1975.
Zeitschrift »Zum Beispiel« (Biologischer Landbau für umweltbewußte Landwirte, Gärtner und Konsumenten): Säfte. Nr. 5, 1987.

Bildquellen

Zeichnungen von Claudia Hosslin, Therwil (Schweiz), nach Angaben des Verfassers bzw. einschlägiger Fachliteratur.

Abele, U., Darmstadt: Abb. Seite 65 (links).
Bärtels, A., Waake: Abb. Seite 43.
Bergström, B., Stockholm (Schweden): Abb. Seite 36, 40 (unten), 78.
Bockemühl, J., 1978: Abb. Seite 70, 73.
Burda GmbH, Offenburg: Abb. Seite 26 (unten).
Deiser, E., Stuttgart: Abb. Seite 30 (alle), 35 (unten), 60.
Felbinger, A., Leinfelden-Echterdingen: Abb. Seite 72, 106.
Haberer, M., Raidwangen: Abb. Seite 14.
Heynitz, K. von, Pforzheim: Umschlagfoto, Abb. Seite 84 (oben), 85, 89, 98 (unten), 99.
Jahn, H., Neckargmünd: Abb. Seite 91.
Kleinschrot, D., Weil im Schönbuch: Abb. Seite 2, 40 (unten), 109.
Kühnemann, H., Balingen: Abb. Seite 54, 58 (alle), 63, 94/95.
Laatsch, W., 1954: Abb. Seite 16.
Meinhardt, U., Wiesbaden: Abb. Seite 19 (alle).
Merckens, G., Ulm: Abb. Seite 29, 61, 62, 65 (unten rechts), 84 (unten), 86.
Rickert, E., Kiel: Abb. Seite 104, 108, 110.
Rohde, G., Berlin: Abb. Seite 17 (alle), 21 (alle).
Samix, Kiefersfelden: Abb. Seite 26 (oben).
Schimmele, B., Membrechtshofen: Abb. Seite 98 (oben).
Schmid, O., Oberwil (Schweiz): Abb. Seite 35 (oben).
Tambour, G., Göttingen: Abb. Seite 38, 52.
Trolldenier, C., 1971: Abb. Seite 18 (alle).
Vermicon, Altbessingen: Abb. Seite 56.

Sachregister